TRANZLATY

Mae iaith i bawb

Language is for everyone

Galwad y Gwyllt

The Call of the Wild

Jack London

Cymraeg / English

I'r Cyntefig
Into the Primitive

Nid oedd Buck yn darllen y papurau newydd.
Buck did not read the newspapers.

Pe bai wedi darllen y papurau newydd byddai wedi gwybod bod trafferth yn codi.
Had he read the newspapers he would have known trouble was brewing.

Roedd trafferth nid iddo ef ei hun yn unig, ond i bob ci dŵr llanw.
There was trouble not alone for himself, but for every tidewater dog.

Byddai pob ci cryf o gyhyrau a gwallt hir, cynnes mewn trafferth.
Every dog strong of muscle and with warm, long hair was going to be in trouble.

O Fae Puget i San Diego ni allai unrhyw gi ddianc rhag yr hyn oedd i ddod.
From Puget Bay to San Diego no dog could escape what was coming.

Roedd dynion, yn chwilota yn nhywyllwch yr Arctig, wedi dod o hyd i fetel melyn.
Men, groping in the Arctic darkness, had found a yellow metal.

Roedd cwmnïau llongau stêm a chludiant yn mynd ar ôl y darganfyddiad.
Steamship and transportation companies were chasing the discovery.

Roedd miloedd o ddynion yn rhuthro i'r Gogledd.
Thousands of men were rushing into the Northland.

Roedd y dynion hyn eisiau cŵn, a'r cŵn roedden nhw eu heisiau oedd cŵn trwm.
These men wanted dogs, and the dogs they wanted were heavy dogs.

Cŵn â chyhyrau cryf i llafurio â nhw.
Dogs with strong muscles by which to toil.

Cŵn â chotiau blewog i'w hamddiffyn rhag y rhew.
Dogs with furry coats to protect them from the frost.

Roedd Buck yn byw mewn tŷ mawr yn Nyffryn Santa Clara, sydd wedi'i gusanu gan yr heul.
Buck lived at a big house in the sun-kissed Santa Clara Valley.

Lle'r Barnwr Miller, galwyd ei dŷ.
Judge Miller's place, his house was called.

Roedd ei dŷ yn sefyll yn ôl o'r ffordd, hanner cuddiedig ymhlith y coed.
His house stood back from the road, half hidden among the trees.

Gallai rhywun gael cipolwg ar y feranda eang oedd yn rhedeg o amgylch y tŷ.
One could get glimpses of the wide veranda running around the house.

Roedd modd cyrraedd y tŷ drwy ffyrdd gyrru graeanog.
The house was approached by graveled driveways.

Roedd y llwybrau'n troelli trwy lawntiau eang.
The paths wound about through wide-spreading lawns.

Uwchben roedd canghennau plethedig y poplys tal.
Overhead were the interlacing boughs of tall poplars.

Yng nghefn y tŷ roedd pethau hyd yn oed yn fwy eang.
At the rear of the house things were on even more spacious.

Roedd stablau gwych, lle'r oedd dwsin o briodferched yn sgwrsio
There were great stables, where a dozen grooms were chatting

Roedd rhesi o fythynnod gweision wedi'u gorchuddio â gwinwydd
There were rows of vine-clad servants' cottages

Ac roedd yna amrywiaeth ddiddiwedd a threfnus o dai allan
And there was an endless and orderly array of outhouses

Perllannau grawnwin hir, porfeydd gwyrdd, perllannau, a chlytiau aeron.
Long grape arbors, green pastures, orchards, and berry patches.

Yna roedd y gwaith pwmpio ar gyfer y ffynnon artesaidd.

Then there was the pumping plant for the artesian well.

Ac yno yr oedd y tanc sment mawr yn llawn dŵr.

And there was the big cement tank filled with water.

Yma y cymerodd bechgyn y Barnwr Miller eu plymiad boreol.

Here Judge Miller's boys took their morning plunge.

Ac fe wnaethon nhw oeri yno yn y prynhawn poeth hefyd.

And they cooled down there in the hot afternoon too.

A thros y parth mawr hwn, Buck oedd yr un a reolodd y cyfan.

And over this great domain, Buck was the one who ruled all of it.

Ganwyd Buck ar y tir hwn a bu'n byw yma ei holl bedair blynedd.

Buck was born on this land and lived here all his four years.

Roedd cŵn eraill yn wir, ond doedden nhw ddim yn wirioneddol bwysig.

There were indeed other dogs, but they did not truly matter.

Roedd disgwyl cŵn eraill mewn lle mor eang â hwn.

Other dogs were expected in a place as vast as this one.

Byddai'r cŵn hyn yn dod ac yn mynd, neu'n byw y tu mewn i'r cŵn prysur.

These dogs came and went, or lived inside the busy kennels.

Roedd rhai cŵn yn byw'n gudd yn y tŷ, fel roedd Toots ac Ysabel yn ei wneud.

Some dogs lived hidden in the house, like Toots and Ysabel did.

Roedd Toots yn gi pug Japaneaidd, ac Ysabel yn gi di-flew Mecsicanaidd.

Toots was a Japanese pug, Ysabel a Mexican hairless dog.

Anaml y byddai'r creaduriaid rhyfedd hyn yn camu allan o'r tŷ.

These strange creatures rarely stepped outside the house.

Ni wnaethant gyffwrdd â'r ddaear, nac arogli'r awyr agored y tu allan.

They did not touch the ground, nor sniff the open air outside.

Roedd yna hefyd y daeargis fox, o leiaf ugain mewn nifer.

There were also the fox terriers, at least twenty in number.

Roedd y daeargi hyn yn cyfarth yn ffyrnig ar Toots ac Ysabel dan do.

These terriers barked fiercely at Toots and Ysabel indoors.

Arhosodd Toots ac Ysabel y tu ôl i ffenestri, yn ddiogel rhag niwed.

Toots and Ysabel stayed behind windows, safe from harm.

Roeddent yn cael eu gwarchod gan forynion tŷ gyda ysgubau a mopiau.

They were guarded by housemaids with brooms and mops.

Ond nid ci tŷ oedd Buck, ac nid ci cŵn oedd e chwaith.

But Buck was no house-dog, and he was no kennel-dog either.

Roedd yr eiddo cyfan yn eiddo i Buck fel ei deyrnas gyfreithiol.

The entire property belonged to Buck as his rightful realm.

Nofiodd Buck yn y tanc neu aeth i hela gyda meibion y Barnwr.

Buck swam in the tank or went hunting with the Judge's sons.

Cerddodd gyda Mollie ac Alice yn oriau mân neu hwyr y bore.

He walked with Mollie and Alice in the early or late hours.

Ar nosweithiau oer byddai'n gorwedd o flaen tân y llyfrgell gyda'r Barnwr.

On cold nights he lay before the library fire with the Judge.

Rhoddodd Buck reidiau i wyrion y Barnwr ar ei gefn cryf.

Buck gave rides to the Judge's grandsons on his strong back.

Rholiodd yn y glaswellt gyda'r bechgyn, gan eu gwarchod yn agos.

He rolled in the grass with the boys, guarding them closely.

Mentroddant at y ffynnon a hyd yn oed heibio i'r caeau aeron.

They ventured to the fountain and even past the berry fields.

Ymhlith y daeargis, roedd Buck yn cerdded gyda balchder brenhinol bob amser.

Among the fox terriers, Buck walked with royal pride always.

Anwybyddodd Toots ac Ysabel, gan eu trin fel pe baent yn awyr.

He ignored Toots and Ysabel, treating them like they were air.

Roedd Buck yn rheoli dros bob creadur byw ar dir y Barnwr Miller.

Buck ruled over all living creatures on Judge Miller's land.

Roedd yn teyrnasu dros anifeiliaid, pryfed, adar, a hyd yn oed bodau dynol.

He ruled over animals, insects, birds, and even humans.

Roedd tad Buck, Elmo, wedi bod yn Sant Bernard enfawr a ffyddlon.

Buck's father Elmo had been a huge and loyal St. Bernard.

Ni adawodd Elmo ochr y Barnwr byth, a'i gwasanaethodd yn ffyddlon.

Elmo never left the Judge's side, and served him faithfully.

Roedd Buck yn ymddangos yn barod i ddilyn esiampl fonheddig ei dad.

Buck seemed ready to follow his father's noble example.

Nid oedd Buck mor fawr, yn pwyso cant a deugain punt.

Buck was not quite as large, weighing one hundred and forty pounds.

Roedd ei fam, Shep, wedi bod yn gi bugail Albanaidd da.

His mother, Shep, had been a fine Scotch shepherd dog.

Ond hyd yn oed gyda'r pwysau hwnnw, cerddodd Buck gyda phresenoldeb brenhinol.

But even at that weight, Buck walked with regal presence.

Daeth hyn o fwyd da a'r parch a gafodd bob amser.

This came from good food and the respect he always received.

Am bedair blynedd, roedd Buck wedi byw fel uchelwr wedi'i ddifetha.

For four years, Buck had lived like a spoiled nobleman.

Roedd yn falch ohono'i hun, a hyd yn oed ychydig yn egotistaidd.

He was proud of himself, and even slightly egotistical.

Roedd y math yna o falchder yn gyffredin ymhlith arglwyddi gwledig anghysbell.

That kind of pride was common in remote country lords.

Ond achubodd Buck ei hun rhag dod yn gi tŷ wedi'i fwydo.

But Buck saved himself from becoming pampered house-dog.

Arhosodd yn fain ac yn gryf trwy hela ac ymarfer corff.
He stayed lean and strong through hunting and exercise.
Roedd wrth ei fodd â dŵr yn fawr, fel pobl sy'n ymdrochi mewn llynnoedd oer.
He loved water deeply, like people who bathe in cold lakes.
Cadwodd y cariad hwn at ddŵr Buck yn gryf, ac yn iach iawn.
This love for water kept Buck strong, and very healthy.
Dyma'r ci yr oedd Buck wedi dod yn hydref 1897.
This was the dog Buck had become in the fall of 1897.
Pan dynnodd ymosodiad y Klondike ddynion i'r Gogledd rhewllyd.
When the Klondike strike pulled men to the frozen North.
Rhuthrodd pobl o bob cwr o'r byd i'r wlad oer.
People rushed from all over the world into the cold land.
Fodd bynnag, nid oedd Buck yn darllen y papurau newydd, nac yn deall newyddion.
Buck, however, did not read the papers, nor understand news.
Doedd e ddim yn gwybod bod Manuel yn ddyn drwg i fod o gwmpas.
He did not know Manuel was a bad man to be around.
Roedd gan Manuel, a oedd yn helpu yn yr ardd, broblem ddofn.
Manuel, who helped in the garden, had a deep problem.
Roedd Manuel yn gaeth i gamblo yn y loteri Tsieineaidd.
Manuel was addicted to gambling in the Chinese lottery.
Roedd hefyd yn credu'n gryf mewn system sefydlog ar gyfer ennill.
He also believed strongly in a fixed system for winning.
Gwnaeth y gred honno ei fethiant yn sicr ac yn anochel.
That belief made his failure certain and unavoidable.
Mae chwarae system yn gofyn am arian, rhywbeth nad oedd gan Manuel.
Playing a system demands money, which Manuel lacked.
Prin y cynhaliodd ei gyflog ei wraig a'i lawer o blant.
His pay barely supported his wife and many children.

Ar y noson y bradychodd Manuel Buck, roedd pethau'n normal.

On the night Manuel betrayed Buck, things were normal.

Roedd y Barnwr mewn cyfarfod Cymdeithas Tyfwyr Rhesins.

The Judge was at a Raisin Growers' Association meeting.

Roedd meibion y Barnwr yn brysur yn ffurfio clwb athletau bryd hynny.

The Judge's sons were busy forming an athletic club then.

Ni welodd neb Manuel a Buck yn gadael drwy'r berllan.

No one saw Manuel and Buck leaving through the orchard.

Roedd Buck yn meddwl mai dim ond tro bach syml yn y nos oedd y daith gerdded hon.

Buck thought this walk was just a simple nighttime stroll.

Dim ond un dyn a gyfarfuon nhw yn yr orsaf faner, ym Mharc y Coleg.

They met only one man at the flag station, in College Park.

Siaradodd y dyn hwnnw â Manuel, a chyfnewidiasant arian.

That man spoke to Manuel, and they exchanged money.

"Lapio'r nwyddau cyn i chi eu danfon," awgrymodd.

"Wrap up the goods before you deliver them," he suggested.

Roedd llais y dyn yn arw ac yn ddiamynedd wrth iddo siarad.

The man's voice was rough and impatient as he spoke.

Clymodd Manuel raff drwchus yn ofalus o amgylch gwddf Buck.

Manuel carefully tied a thick rope around Buck's neck.

"Troelli'r rhaff, a byddi di'n ei dagu'n helaeth"

"Twist the rope, and you'll choke him plenty"

Rhoddodd y dieithryn grwgnach, gan ddangos ei fod yn deall yn dda.

The stranger gave a grunt, showing he understood well.

Derbyniodd Buck y rhaff gyda hurddas tawel a thawel y diwrnod hwnnw.

Buck accepted the rope with calm and quiet dignity that day.

Roedd yn weithred anarferol, ond roedd Buck yn ymddiried yn y dynion yr oedd yn eu hadnabod.

It was an unusual act, but Buck trusted the men he knew.

Credai fod eu doethineb yn mynd ymhell y tu hwnt i'w feddwl ei hun.

He believed their wisdom went far beyond his own thinking.

Ond yna trosglwyddwyd y rhaff i ddwylo'r dieithryn.

But then the rope was handed to the hands of the stranger.

Rhoddodd Buck grwgnach isel a rybuddiodd gyda bygythiad tawel.

Buck gave a low growl that warned with quiet menace.

Roedd yn falch ac yn awdurdodol, ac yn bwriadu dangos ei anfodlonrwydd.

He was proud and commanding, and meant to show his displeasure.

Credai Buck y byddai ei rybudd yn cael ei ddeall fel gorchymyn.

Buck believed his warning would be understood as an order.

I'w sioc, tynhaodd y rhaff yn gyflym o amgylch ei wddf trwchus.

To his shock, the rope tightened fast around his thick neck.

Torrwyd ei awyr i ffwrdd a dechreuodd ymladd mewn cynddaredd sydyn.

His air was cut off and he began to fight in a sudden rage.

Neidiodd at y dyn, a gyfarfu â Buck yn gyflym yng nghanol yr awyr.

He sprang at the man, who quickly met Buck in mid-air.

Gafaelodd y dyn yng ngwddf Buck a'i droelli yn fedrus yn yr awyr.

The man grabbed Buck's throat and skillfully twisted him in the air.

Cafodd Buck ei daflu i lawr yn galed, gan lanio'n fflat ar ei gefn.

Buck was thrown down hard, landing flat on his back.

Nawr roedd y rhaff yn ei dagu'n greulon tra roedd yn cicio'n wyllt.

The rope now choked him cruelly while he kicked wildly.

Syrthiodd ei dafod allan, chwyddodd ei frest, ond ni chafodd anadl.

His tongue fell out, his chest heaved, but gained no breath.

Nid oedd erioed wedi cael ei drin â thrais o'r fath yn ei fywyd.

He had never been treated with such violence in his life.

Nid oedd erioed wedi bod yn llawn cynddaredd mor ddwfn o'r blaen.

He had also never been filled with such deep fury before.

Ond pylodd pŵer Buck, a throdd ei lygaid yn wydrog.

But Buck's power faded, and his eyes turned glassy.

Llewygodd wrth i drên gael ei faneru gerllaw.

He passed out just as a train was flagged down nearby.

Yna taflodd y ddau ddyn ef i'r car bagiau yn gyflym.

Then the two men tossed him into the baggage car quickly.

Y peth nesaf a deimlai Buck oedd poen yn ei dafod chwyddedig.

The next thing Buck felt was pain in his swollen tongue.

Roedd yn symud mewn cert yn crynu, dim ond yn anymwybodol.

He was moving in a shaking cart, only dimly conscious.

Dywedodd sgrech finiog chwiban trên wrth Buck ei leoliad.

The sharp scream of a train whistle told Buck his location.

Roedd wedi marchogaeth gyda'r Barnwr yn aml ac yn gwybod y teimlad.

He had often ridden with the Judge and knew the feeling.

Roedd yn sioc unigryw o deithio mewn car bagiau eto.

It was the unique jolt of traveling in a baggage car again.

Agorodd Buck ei lygaid, a llosgodd ei olwg â chynddaredd.

Buck opened his eyes, and his gaze burned with rage.

Dyma oedd dicter brenin balch a gymerwyd oddi ar ei orsedd.

This was the anger of a proud king taken from his throne.

Cyrhaeddodd dyn i'w afael, ond trawodd Buck yn gyntaf yn lle hynny.

A man reached to grab him, but Buck struck first instead.

Suddodd ei ddannedd yn llaw'r dyn a'i gafael yn dynn.

He sank his teeth into the man's hand and held tightly.

Ni ollyngodd gafael nes iddo golli gafael am yr ail dro.

He did not let go until he blacked out a second time.

"Iawn, mae'n cael ffitiau," sibrydodd y dyn wrth y dyn bagiau.

"Yep, has fits," the man muttered to the baggageman.

Roedd y dyn bagiau wedi clywed yr ymrafael ac wedi dod yn agos.

The baggageman had heard the struggle and come near.

"Rwy'n mynd ag ef i 'Frisco ar gyfer y bos," eglurodd y dyn.

"I'm taking him to 'Frisco for the boss," the man explained.

"Mae yna feddyg cŵn da yno sy'n dweud y gall eu gwella."

"There's a fine dog-doctor there who says he can cure them."

Yn ddiweddarach y noson honno rhoddodd y dyn ei gyfrif llawn ei hun.

Later that night the man gave his own full account.

Siaradodd o sied y tu ôl i salŵn ar y dociau.

He spoke from a shed behind a saloon on the docks.

"Y cyfan a roddwyd i mi oedd hanner cant o ddoleri," cwynodd wrth y dyn tafarn.

"All I was given was fifty dollars," he complained to the saloon man.

"Fyddwn i ddim yn ei wneud eto, dim hyd yn oed am fil mewn arian parod."

"I wouldn't do it again, not even for a thousand in cold cash."

Roedd ei law dde wedi'i lapio'n dynn mewn lliain gwaedlyd.

His right hand was tightly wrapped in a bloody cloth.

Roedd coes ei drowsus wedi'i rhwygo'n llydan o'r pen-glin i'r droed.

His trouser leg was torn wide open from knee to foot.

"Faint gafodd y mwg arall ei dalu?" gofynnodd y dyn tafarn.

"How much did the other mug get paid?" asked the saloon man.

"Cant," atebodd y dyn, "ni fyddai'n cymryd ceiniog yn llai."

"A hundred," the man replied, "he wouldn't take a cent less."

"Mae hynny'n dod i gant a hanner cant," meddai'r dyn tafarn.

"That comes to a hundred and fifty," the saloon man said.

"Ac mae o werth y cyfan, neu dydw i ddim gwell na phen twp."

"And he's worth it all, or I'm no better than a blockhead."

Agorodd y dyn y papurau lapio i archwilio ei law.

The man opened the wrappings to examine his hand.

Roedd y llaw wedi'i rhwygo'n ddrwg ac wedi'i chramennu mewn gwaed sych.

The hand was badly torn and crusted in dried blood.

"Os na fydda i'n cael yr hydroffobia..." dechreuodd ddweud.

"If I don't get the hydrophobia..." he began to say.

"Bydd oherwydd dy fod ti wedi dy eni i hongian," daeth chwerthin.

"It'll be because you were born to hang," came a laugh.

"Dewch i'm helpu cyn i chi fynd," gofynnwyd iddo.

"Come help me out before you get going," he was asked.

Roedd Buck mewn penbleth oherwydd y boen yn ei dafod a'i wddf.

Buck was in a daze from the pain in his tongue and throat.

Roedd wedi'i hanner tagu, ac prin y gallai sefyll yn unionsyth.

He was half-strangled, and could barely stand upright.

Serch hynny, ceisiodd Buck wynebu'r dynion a oedd wedi ei frifo cymaint.

Still, Buck tried to face the men who had hurt him so.

Ond fe'i taflasant i lawr a'i dagu unwaith eto.

But they threw him down and choked him once again.

Dim ond wedyn y gallent lifio ei goler pres trwm i ffwrdd.

Only then could they saw off his heavy brass collar.

Fe wnaethon nhw dynnu'r rhaff allan a'i wthio i mewn i gawell.

They removed the rope and shoved him into a crate.

Roedd y crât yn fach ac wedi'i siapio fel cawell haearn garw.

The crate was small and shaped like a rough iron cage.

Gorweddodd Buck yno drwy'r nos, yn llawn dicter a balchder clwyfedig.

Buck lay there all night, filled with wrath and wounded pride.

Ni allai ddechrau deall beth oedd yn digwydd iddo.

He could not begin to understand what was happening to him.

Pam roedd y dynion rhyfedd hyn yn ei gadw yn y crât fach hon?

Why were these strange men keeping him in this small crate?

Beth oedden nhw ei eisiau gydag ef, a pham y caethiwed creulon hwn?

What did they want with him, and why this cruel captivity?

Teimlodd bwysau tywyll; ymdeimlad o drychineb yn agosáu.

He felt a dark pressure; a sense of disaster drawing closer.

Ofn amwys ydoedd, ond fe darodd yn drwm ar ei ysbryd.

It was a vague fear, but it settled heavily on his spirit.

Neidiodd i fyny sawl gwaith pan ratlodd drws y sied.

Several times he jumped up when the shed door rattled.

Roedd yn disgwyl i'r Barnwr neu'r bechgyn ymddangos a'i achub.

He expected the Judge or the boys to appear and rescue him.

Ond dim ond wyneb tew ceidwad y dafarn oedd yn edrych i mewn bob tro.

But only the saloon-keeper's fat face peeked inside each time.

Roedd wyneb y dyn wedi'i oleuo gan lewyrch pylu cannwyll gwêr.

The man's face was lit by the dim glow of a tallow candle.

Bob tro, byddai cyfarth llawen Buck yn newid i grwgnach isel, blin.

Each time, Buck's joyful bark changed to a low, angry growl.

Gadawodd ceidwad y dafarn ef ar ei ben ei hun am y noson yn y cawell

The saloon-keeper left him alone for the night in the crate

Ond pan ddeffrodd yn y bore roedd mwy o ddynion yn dod.

But when he awoke in the morning more men were coming.

Daeth pedwar dyn a chodi'r crât yn ofalus heb ddweud gair.

Four men came and gingerly picked up the crate without a word.

Gwyddai Buck ar unwaith ym mha sefyllfa yr oedd wedi canfod ei hun.

Buck knew at once the situation he found himself in.

Roedden nhw'n boenydio ymhellach y bu'n rhaid iddo ymladd yn eu herbyn a'u hofni.

They were further tormentors that he had to fight and fear.

Roedd y dynion hyn yn edrych yn ddrwg, yn garpiog, ac wedi'u trin yn wael iawn.

These men looked wicked, ragged, and very badly groomed.

Gwgodd Buck a rhuthro atyn nhw'n ffyrnig drwy'r bariau.

Buck snarled and lunged at them fiercely through the bars.

Fe wnaethon nhw chwerthin a'i bigo ato â ffyn pren hir.

They just laughed and jabbed at him with long wooden sticks.

Brathodd Buck y ffyn, yna sylweddolodd mai dyna oedd yr hyn yr oeddent yn ei hoffi.

Buck bit at the sticks, then realized that was what they liked.

Felly gorweddodd i lawr yn dawel, yn swrth ac yn llosgi gan gynddaredd tawel.

So he lay down quietly, sullen and burning with quiet rage.

Fe wnaethon nhw godi'r crât i mewn i wagen a gyrru i ffwrdd gydag ef.

They lifted the crate into a wagon and drove away with him.

Roedd y crât, gyda Buck wedi'i gloi y tu mewn, yn newid dwylo'n aml.

The crate, with Buck locked inside, changed hands often.

Cymerodd clercod swyddfa Express yr awenau a'i drin am gyfnod byr.

Express office clerks took charge and handled him briefly.

Yna cariodd wagen arall Buck ar draws y dref swnllyd.

Then another wagon carried Buck across the noisy town.

Aeth lori ag ef gyda blychau a pharseli ar gwch fferi.

A truck took him with boxes and parcels onto a ferry boat.

Ar ôl croesi, dadlwythodd y lori ef mewn depo rheilffordd.

After crossing, the truck unloaded him at a rail depot.

O'r diwedd, rhoddwyd Buck y tu mewn i gar cyflym oedd yn aros.

At last, Buck was placed inside a waiting express car.

Am ddau ddiwrnod a noson, tynnodd trenau'r cerbyd cyflym i ffwrdd.

For two days and nights, trains pulled the express car away.

Ni fwytaodd nac ni yfodd Buck yn ystod yr holl daith boenus.

Buck neither ate nor drank during the whole painful journey.

Pan geisiodd y negeswyr cyflym nesáu ato, fe grwgnachodd.

When the express messengers tried to approach him, he growled.

Ymatebon nhw drwy ei watwar a'i bryfocio'n greulon.

They responded by mocking him and teasing him cruelly.

Taflodd Buck ei hun at y bariau, gan ewynnu a chrynu

Buck threw himself at the bars, foaming and shaking

chwarddon nhw'n uchel, a'i watwar fel bwlis yn yr ysgol.

they laughed loudly, and taunted him like schoolyard bullies.

Roedden nhw'n cyfarth fel cŵn ffug ac yn fflapio'u breichiau.

They barked like fake dogs and flapped their arms.

Fe wnaethon nhw hyd yn oed ganu fel ceiliogod dim ond i'w gynhyrfu'n fwy.

They even crowed like roosters just to upset him more.

Roedd yn ymddygiad ffôl, ac roedd Buck yn gwybod ei fod yn chwerthinllyd.

It was foolish behavior, and Buck knew it was ridiculous.

Ond dim ond dyfnhau ei ymdeimlad o ddicter a chywilydd a wnaeth hynny.

But that only deepened his sense of outrage and shame.

Nid oedd newyn yn ei boeni llawer yn ystod y daith.

He was not bothered much by hunger during the trip.

Ond daeth syched â phoen llym a dioddefaint annioddefol.

But thirst brought sharp pain and unbearable suffering.

Roedd ei wddf a'i dafod sych, llidus yn llosgi gyda gwres.

His dry, inflamed throat and tongue burned with heat.

Roedd y boen hon yn bwydo'r dwymyn a gododd yn ei gorff balch.

This pain fed the fever rising within his proud body.

Roedd Buck yn ddiolchgar am un peth yn ystod yr achos llys hwn.

Buck was thankful for one single thing during this trial.

Roedd y rhaff wedi'i thynnu oddi ar ei wddf trwchus.

The rope had been removed from around his thick neck.

Roedd y rhaff wedi rhoi mantais annheg a chreulon i'r dynion hynny.

The rope had given those men an unfair and cruel advantage.

Nawr roedd y rhaff wedi mynd, a thyngodd Buck na fyddai byth yn dychwelyd.

Now the rope was gone, and Buck swore it would never return.

Penderfynodd na fyddai rhaff byth yn mynd o amgylch ei wddf eto.

He resolved no rope would ever go around his neck again.

Am ddau ddiwrnod a noson hir, dioddefodd heb fwyd.

For two long days and nights, he suffered without food.

Ac yn yr oriau hynny, fe gronnodd gynddaredd aruthrol y tu mewn.

And in those hours, he built up an enormous rage inside.

Trodd ei lygaid yn waedlyd ac yn wyllt o ddicter cyson.

His eyes turned bloodshot and wild from constant anger.

Nid Buck oedd e mwyach, ond cythraul â genau'n snapio.

He was no longer Buck, but a demon with snapping jaws.

Ni fyddai hyd yn oed y Barnwr wedi adnabod y creadur gwallgof hwn.

Even the Judge would not have known this mad creature.

Ochneidiodd y negeswyr cyflym mewn rhyddhad pan gyrhaeddon nhw Seattle

The express messengers sighed in relief when they reached Seattle

Cododd pedwar dyn y crât a'i gludo i iard gefn.

Four men lifted the crate and brought it to a back yard.

Roedd yr iard yn fach, wedi'i hamgylchynu gan waliau uchel a chadarn.

The yard was small, surrounded by high and solid walls.

Camodd dyn mawr allan mewn crys siwmper coch yn llaesu.

A big man stepped out in a sagging red sweater shirt.

Llofnododd y llyfr dosbarthu â llaw drwchus a beiddgar.

He signed the delivery book with a thick and bold hand.

Synhwyrodd Buck ar unwaith mai'r dyn hwn oedd ei boenydydd nesaf.

Buck sensed at once that this man was his next tormentor.

Neidiodd yn dreisgar at y bariau, ei lygaid yn goch gan gynddaredd.

He lunged violently at the bars, eyes red with fury.

Gwenodd yn dywyll y dyn ac aeth i nôl bwyell.

The man just smiled darkly and went to fetch a hatchet.

Daeth hefyd â chlwb yn ei law dde drwchus a chryf.

He also brought a club in his thick and strong right hand.

"Wyt ti'n mynd i'w fynd ag e allan nawr?" gofynnodd y gyrrwr, yn bryderus.

"You going to take him out now?" the driver asked, concerned.

"Wrth gwrs," meddai'r dyn, gan wthio'r fwyell i'r crât fel lifer.

"Sure," said the man, jamming the hatchet into the crate as a lever.

Gwasgarodd y pedwar dyn ar unwaith, gan neidio i fyny ar wal yr iard.

The four men scattered instantly, jumping up onto the yard wall.

O'u mannau diogel uwchben, roedden nhw'n aros i wylio'r olygfa.

From their safe spots above, they waited to watch the spectacle.

Neidiodd Buck at y pren oedd wedi'i hollti, gan frathu a chrynu'n ffyrnig.

Buck lunged at the splintered wood, biting and shaking fiercely.

Bob tro y byddai'r fwyell yn taro'r cawell), roedd Buck yno i ymosod arni.

Each time the hatchet hit the cage), Buck was there to attack it.

Grwgnachodd a chleciodd â chynddaredd gwyllt, yn awyddus i gael ei ryddhau.

He growled and snapped with wild rage, eager to be set free.

Roedd y dyn y tu allan yn dawel ac yn gyson, yn benderfynol o wneud ei dasg.

The man outside was calm and steady, intent on his task.

"Iawn felly, ti ddiawl llygaid coch," meddai pan oedd y twll yn fawr.

"Right then, you red-eyed devil," he said when the hole was large.

Gollyngodd y fwyell a chymerodd y clwb yn ei law dde.

He dropped the hatchet and took the club in his right hand.

Roedd Buck wir yn edrych fel diafol; llygaid yn waedlyd ac yn llachar.

Buck truly looked like a devil; eyes bloodshot and blazing.

Roedd ei gôt yn flewog, ewyn yn ewynnu wrth ei geg, a'i lygaid yn disgleirio.

His coat bristled, foam frothed at his mouth, eyes glinting.

Crychodd ei gyhyrau a neidiodd yn syth at y siwmper goch.

He bunched his muscles and sprang straight at the red sweater.

Hedfanodd cant a deugain punt o gynddaredd at y dyn tawel.

One hundred and forty pounds of fury flew at the calm man.

Ychydig cyn i'w ên gau, trawodd ergyd ofnadwy ef.

Just before his jaws clamped shut, a terrible blow struck him.

Clychodd ei ddannedd at ei gilydd ar ddim byd ond aer

His teeth snapped together on nothing but air

roedd ysgytwad o boen yn atseinio trwy ei gorff

a jolt of pain reverberated through his body

Trodd yng nghanol yr awyr a syrthiodd i lawr ar ei gefn a'i ochr.

He flipped midair and crashed down on his back and side.

Nid oedd erioed o'r blaen wedi teimlo ergyd clwb ac ni allai ei afael.

He had never before felt a club's blow and could not grasp it.

Gyda chwyrn sgrechian, rhan cyfarth, rhan sgrech, neidiodd eto.

With a shrieking snarl, part bark, part scream, he leaped again.

Tarodd ergyd greulon arall ef a'i daflu i'r llawr.

Another brutal strike hit him and hurled him to the ground.

Y tro hwn deallodd Buck—clwb trwm y dyn ydoedd.

This time Buck understood—it was the man's heavy club.

Ond roedd cynddaredd yn ei ddallu, ac nid oedd ganddo unrhyw feddwl am encilio.

But rage blinded him, and he had no thought of retreat.

Deuddeg gwaith fe daflodd ei hun, a deuddeg gwaith fe syrthiodd.

Twelve times he launched himself, and twelve times he fell.

Roedd y clwb pren yn ei falu bob tro gyda grym didostur, malu.

The wooden club smashed him each time with ruthless, crushing force.

Ar ôl un ergyd ffyrnig, cododd i'w draed yn syfrdanol, yn araf.

After one fierce blow, he staggered to his feet, dazed and slow.

Rhedodd gwaed o'i geg, ei drwyn, a hyd yn oed ei glustiau.

Blood ran from his mouth, his nose, and even his ears.

Roedd ei gôt a fu unwaith yn brydferth wedi'i gorchuddio ag ewyn gwaedlyd.

His once-beautiful coat was smeared with bloody foam.

Yna camodd y dyn i fyny a tharo ergyd ddrwg i'r trwyn.

Then the man stepped up and struck a wicked blow to the nose.

Roedd y boen yn fwy llym nag unrhyw beth a deimlodd Buck erioed.

The agony was sharper than anything Buck had ever felt.

Gyda rhuo yn fwy o fwystfil na chi, neidiodd eto i ymosod.

With a roar more beast than dog, he leaped again to attack.

Ond gafaelodd y dyn yn ei ên isaf a'i throelli yn ôl.

But the man caught his lower jaw and twisted it backward.

Trodd Buck benben dros sodlau, gan gwympo i lawr yn galed eto.

Buck flipped head over heels, crashing down hard again.

Un tro olaf, rhuthrodd Buck ato, prin yn gallu sefyll nawr.

One final time, Buck charged at him, now barely able to stand.

Tarodd y dyn gydag amseru arbenigol, gan roi'r ergyd olaf.

The man struck with expert timing, delivering the final blow.

Cwympodd Buck mewn pentwr, yn anymwybodol ac yn ddisymud.

Buck collapsed in a heap, unconscious and unmoving.

"Dydy e ddim yn ddi-hid am dorri cŵn, dyna beth dwi'n ei ddweud," gwaeddodd dyn.

"He's no slouch at dog-breaking, that's what I say," a man yelled.

"Gall Druther dorri ewyllys ci unrhyw ddiwrnod o'r wythnos."

"Druther can break the will of a hound any day of the week."

"A ddwywaith ar ddydd Sul!" ychwanegodd y gyrrwr.

"And twice on a Sunday!" added the driver.

Dringodd i'r wagen a throdd yr awenau i adael.

He climbed into the wagon and cracked the reins to leave.

Adferodd Buck reolaeth ar ei ymwybyddiaeth yn araf.

Buck slowly regained control of his consciousness

ond roedd ei gorff yn dal yn rhy wan ac wedi torri i symud.

but his body was still too weak and broken to move.

Gorweddodd lle roedd wedi syrthio, yn gwylio'r dyn â'i siwmper goch.

He lay where he had fallen, watching the red-sweatered man.

"Mae'n ateb i enw Buck," meddai'r dyn, gan ddarllen yn uchel.

"He answers to the name of Buck," the man said, reading aloud.

Dyfynnodd o'r nodyn a anfonwyd gyda chât Buck a'r manylion.

He quoted from the note sent with Buck's crate and details.

"Wel, Buck, fy machgen," parhaodd y dyn gyda thôn gyfeillgar,

"Well, Buck, my boy," the man continued with a friendly tone,

"Rydyn ni wedi cael ein ffrae fach, ac mae hi drosodd rhyngom ni nawr."

"we've had our little fight, and now it's over between us."

"Rydych chi wedi dysgu eich lle, ac rydw i wedi dysgu fy un i," ychwanegodd.

"You've learned your place, and I've learned mine," he added.

"Byddwch yn dda, a bydd popeth yn mynd yn dda, a bydd bywyd yn bleserus."

"Be good, and all will go well, and life will be pleasant."

"Ond byddwch yn ddrwg, a byddaf yn eich curo chi'n llwyr, deallwch chi?"

"But be bad, and I'll beat the stuffing out of you, understand?"

Wrth iddo siarad, estynnodd allan a thapio pen dolurus Buck.

As he spoke, he reached out and patted Buck's sore head.

Cododd gwallt Buck wrth gyffyrddiad y dyn, ond ni wrthsafodd.

Buck's hair rose at the man's touch, but he didn't resist.

Daeth y dyn â dŵr iddo, a yfodd Buck mewn llwnc mawr.

The man brought him water, which Buck drank in great gulps.

Yna daeth cig amrwd, a fwytaodd Buck ddarn wrth ddarn.

Then came raw meat, which Buck devoured chunk by chunk.

Roedd yn gwybod ei fod wedi cael ei guro, ond roedd hefyd yn gwybod nad oedd wedi torri.

He knew he was beaten, but he also knew he wasn't broken.

Doedd ganddo ddim siawns yn erbyn dyn oedd â chlwb.

He had no chance against a man armed with a club.

Roedd wedi dysgu'r gwirionedd, ac ni anghofiodd y wers honno byth.

He had learned the truth, and he never forgot that lesson.

Yr arf hwnnw oedd dechrau'r gyfraith ym myd newydd Buck.

That weapon was the beginning of law in Buck's new world.

Dyna ddechrau trefn llym, gyntefig na allai ei gwadu.

It was the start of a harsh, primitive order he could not deny.

Derbyniodd y gwir; roedd ei reddfau gwyllt bellach yn effro.

He accepted the truth; his wild instincts were now awake.

Roedd y byd wedi mynd yn fwy llym, ond wynebodd Buck ef yn ddewr.

The world had grown harsher, but Buck faced it bravely.

Cyfarfu â bywyd gyda gofal, cyfrwystra a chryfder tawel newydd.

He met life with new caution, cunning, and quiet strength.

Cyrhaeddodd mwy o gŵn, wedi'u clymu mewn rhaffau neu gewyll fel yr oedd Buck wedi bod.

More dogs arrived, tied in ropes or crates like Buck had been.

Daeth rhai cŵn yn dawel, roedd eraill yn cynddeiriogi ac yn ymladd fel anifeiliaid gwyllt.

Some dogs came calmly, others raged and fought like wild beasts.

Daethpwyd â phob un ohonynt dan reolaeth y dyn â'i siwmper goch.

All of them were brought under the rule of the red-sweatered man.

Bob tro, gwyliodd Buck a gwelodd yr un wers yn datblygu.

Each time, Buck watched and saw the same lesson unfold.

Y dyn gyda'r clwb oedd y gyfraith; meistr i'w ufuddhau.

The man with the club was law; a master to be obeyed.

Nid oedd angen iddo gael ei hoffi, ond roedd yn rhaid ufuddhau iddo.

He did not need to be liked, but he had to be obeyed.

Nid oedd Buck byth yn penddu nac yn ysgwyd fel y gwnaeth y cŵn gwannach.

Buck never fawned or wagged like the weaker dogs did.

Gwelodd gŵn oedd wedi cael eu curo ac yn dal i lyfu llaw'r dyn.

He saw dogs that were beaten and still licked the man's hand.

Gwelodd un ci na fyddai'n ufuddhau nac yn ildio o gwbl.

He saw one dog who would not obey or submit at all.

Ymladdodd y ci hwnnw nes iddo gael ei ladd yn y frwydr am reolaeth.

That dog fought until he was killed in the battle for control.

Byddai dieithriaid weithiau'n dod i weld y dyn â'i siwmper goch.

Strangers would sometimes come to see the red-sweatered man.

Siaradasant mewn tôn ryfedd, gan erfyn, bargeinio, a chwerthin.

They spoke in strange tones, pleading, bargaining, and laughing.

Pan gyfnewidiwyd arian, fe adawon nhw gydag un neu fwy o gŵn.

When money was exchanged, they left with one or more dogs.

Tybed a wnaeth Buck ble aeth y cŵn hyn, oherwydd ni ddychwelodd yr un ohonynt byth.

Buck wondered where these dogs went, for none ever returned.

roedd ofn yr anhysbys yn llenwi Buck bob tro y byddai dyn dieithr yn dod

fear of the unknown filled Buck every time a strange man came

roedd yn falch bob tro y byddai ci arall yn cael ei gymryd, yn hytrach nag ef ei hun.

he was glad each time another dog was taken, rather than himself.

Ond o'r diwedd, daeth tro Buck gyda dyfodiad dyn dieithr.

But finally, Buck's turn came with the arrival of a strange man.

Roedd yn fach, yn weirenog, ac yn siarad Saesneg toredig a melltithion.

He was small, wiry, and spoke in broken English and curses.

"Sacredam!" gwaeddodd pan welodd ffrâm Buck.

"Sacredam!" he yelled when he laid eyes on Buck's frame.

"Dyna gi bwli melltigedig! Ie? Faint?" gofynnodd yn uchel.

"That's one damn bully dog! Eh? How much?" he asked aloud.

"Tri chant, ac mae'n anrheg am y pris yna,"

"Three hundred, and he's a present at that price,"

"Gan mai arian y llywodraeth ydyw, ddylech chi ddim cwyno, Perrault."

"Since it's government money, you shouldn't complain, Perrault."

Gwenodd Perrault ar y fargen yr oedd newydd ei gwneud gyda'r dyn.

Perrault grinned at the deal he had just made with the man.

Roedd pris cŵn wedi codi'n sydyn oherwydd y galw sydyn.

The price of dogs had soared due to the sudden demand.

Nid oedd tri chant o ddoleri yn annheg am fwystfil mor dda.

Three hundred dollars wasn't unfair for such a fine beast.

Ni fyddai Llywodraeth Canada yn colli dim yn y cytundeb

The Canadian Government would not lose anything in the deal

Ni fyddai eu hanfoniadau swyddogol yn cael eu gohirio wrth eu cludo ychwaith.

Nor would their official dispatches be delayed in transit.

Roedd Perrault yn adnabod cŵn yn dda, a gallai weld bod Buck yn rhywbeth prin.

Perrault knew dogs well, and could see Buck was something rare.

"Un o bob deg deg mil," meddyliodd, wrth iddo astudio corff Buck.

"One in ten ten-thousand," he thought, as he studied Buck's build.

Gwelodd Buck yr arian yn newid dwylo, ond ni ddangosodd unrhyw syndod.

Buck saw the money change hands, but showed no surprise.

Yn fuan cafodd ef a Curly, Newfoundland addfwyn, eu harwain i ffwrdd.

Soon he and Curly, a gentle Newfoundland, were led away.

Dilynon nhw'r dyn bach o iard y siwmper goch.

They followed the little man from the red sweater's yard.

Dyna oedd y tro olaf i Buck erioed weld y dyn gyda'r clwb pren.

That was the last Buck ever saw of the man with the wooden club.

O dec y Narwhal gwyliodd Seattle yn pylu i'r pellter.

From the Narwhal's deck he watched Seattle fade into the distance.

Dyma hefyd y tro olaf iddo erioed weld y Deheudir cynnes.

It was also the last time he ever saw the warm Southland.

Aeth Perrault â nhw i lawr y dec, a'u gadael gyda François.

Perrault took them below deck, and left them with François.

Cawr wyneb du a dwylo garw, caled oedd François.

François was a black-faced giant with rough, calloused hands.

Roedd yn dywyll ac yn ddu; hanner brid Ffrengig-Ganadaidd.

He was dark and swarthy; a half-breed French-Canadian.

I Buck, roedd y dynion hyn o fath nad oedd erioed wedi'i weld o'r blaen.

To Buck, these men were of a kind he had never seen before.

Byddai'n dod i adnabod llawer o ddynion o'r fath yn y dyddiau nesaf.

He would come to know many such men in the days ahead.

Ni ddaeth yn hoff ohonyn nhw, ond daeth i'w parchu.

He did not grow fond of them, but he came to respect them.

Roedden nhw'n deg ac yn ddoeth, ac nid oedden nhw'n hawdd i unrhyw gi eu twyllo.

They were fair and wise, and not easily fooled by any dog.

Roedden nhw'n barnu cŵn yn bwyllog, ac yn cosbi dim ond pan oedden nhw'n haeddiannol.

They judged dogs calmly, and punished only when deserved.

Yng nghwmni isaf y Narwhal, cyfarfu Buck a Curly â dau gi.

In the Narwhal's lower deck, Buck and Curly met two dogs.

Un oedd ci gwyn mawr o Spitzbergen rhewllyd pell.

One was a large white dog from far-off, icy Spitzbergen.

Roedd wedi hwylio gyda heliwr morfilod unwaith ac wedi ymuno â grŵp arolygu.

He'd once sailed with a whaler and joined a survey group.

Roedd yn gyfeillgar mewn modd cyfrwys, twyllodrus a chyfrwys.

He was friendly in a sly, underhanded and crafty fashion.

Yn eu pryd bwyd cyntaf, fe ddwynodd ddarn o gig o badell Buck.

At their first meal, he stole a piece of meat from Buck's pan.

Neidiodd Buck i'w gosbi, ond chwip François a darodd yn gyntaf.

Buck jumped to punish him, but François's whip struck first.

Gwaeddodd y lleidr gwyn, ac adennillodd Buck yr asgwrn a gafodd ei ddwyn.

The white thief yelped, and Buck reclaimed the stolen bone.

Gwnaeth y tegwch hwnnw argraff ar Buck, ac enillodd François ei barch.

That fairness impressed Buck, and François earned his respect.

Ni roddodd y ci arall unrhyw gyfarchiad, ac nid oedd eisiau dim yn ôl.

The other dog gave no greeting, and wanted none in return.

Ni wnaeth ddwyn bwyd, nac arogli ar y newydd-ddyfodiaid â diddordeb.

He didn't steal food, nor sniff at the new arrivals with interest.

Roedd y ci hwn yn llwm ac yn dawel, yn dywyll ac yn araf ei symudiad.

This dog was grim and quiet, gloomy and slow-moving.

Rhybuddiodd Curly i gadw draw trwy syllu arni yn unig.

He warned Curly to stay away by simply glaring at her.

Roedd ei neges yn glir; gadewch fi ar fy mhen fy hun neu bydd trafferth.

His message was clear; leave me alone or there'll be trouble.

Dave oedd ei enw, ac prin y sylwodd ar ei amgylchoedd.

He was called Dave, and he barely noticed his surroundings.

Roedd yn cysgu'n aml, yn bwyta'n dawel, ac yn agor ei geg o bryd i'w gilydd.

He slept often, ate quietly, and yawned now and again.

Roedd y llong yn hwmio'n gyson gyda'r propelor yn curo islaw.

The ship hummed constantly with the beating propeller below.

Aeth y dyddiau heibio heb fawr o newid, ond aeth y tywydd yn oerach.

Days passed with little change, but the weather got colder.

Gallai Buck ei deimlo yn ei esgyrn, a sylwi bod y lleill yn ei deimlo hefyd.

Buck could feel it in his bones, and noticed the others did too.

Yna un bore, stopiodd y propelor ac roedd popeth yn llonydd.

Then one morning, the propeller stopped and all was still.

Ysgubodd egni drwy'r llong; roedd rhywbeth wedi newid.

An energy swept through the ship; something had changed.

Daeth François i lawr, eu clipio ar denynnau, a'u dwyn i fyny.

François came down, clipped them on leashes, and brought them up.

Camodd Buck allan a chanfod bod y ddaear yn feddal, yn wyn, ac yn oer.

Buck stepped out and found the ground soft, white, and cold.

Neidiodd yn ôl mewn braw a ffroenodd mewn dryswch llwyr.

He jumped back in alarm and snorted in total confusion.

Roedd pethau gwyn rhyfedd yn disgyn o'r awyr lwyd.

Strange white stuff was falling from the gray sky.

Ysgwydodd ei hun, ond roedd y naddion gwyn yn dal i lanio arno.

He shook himself, but the white flakes kept landing on him.

Aroglodd y peth gwyn yn ofalus a llyfu ychydig o ddarnau rhewllyd.

He sniffed the white stuff carefully and licked at a few icy bits.

Llosgodd y powdr fel tân, yna diflannodd yn syth oddi ar ei dafod.

The powder burned like fire, then vanished right off his tongue.

Ceisiodd Buck eto, wedi'i ddrysu gan yr oerfel rhyfedd a oedd yn diflannu.

Buck tried again, puzzled by the odd vanishing coldness.

Chwarddodd y dynion o'i gwmpas, a theimlodd Buck gywilydd.

The men around him laughed, and Buck felt embarrassed.

Doedd e ddim yn gwybod pam, ond roedd e'n teimlo cywilydd am ei ymateb.
He didn't know why, but he was ashamed of his reaction.
Dyma oedd ei brofiad cyntaf gydag eira, ac fe'i drysodd.
It was his first experience with snow, and it confused him.

Cyfraith y Clwb a'r Fang
The Law of Club and Fang

Roedd diwrnod cyntaf Buck ar draeth Dyea yn teimlo fel hunllef ofnadwy.

Buck's first day on the Dyea beach felt like a terrible nightmare.

Daeth pob awr â siociau newydd a newidiadau annisgwyl i Buck.

Each hour brought new shocks and unexpected changes for Buck.

Roedd wedi cael ei dynnu o wareiddiad a'i daflu i anhrefn gwyllt.

He had been pulled from civilization and thrown into wild chaos.

Nid bywyd heulog, diog gyda diflastod a gorffwys oedd hwn.

This was no sunny, lazy life with boredom and rest.

Nid oedd heddwch, dim gorffwys, nac eiliad heb berygl.

There was no peace, no rest, and no moment without danger.

Roedd dryswch yn rheoli popeth, ac roedd perygl bob amser yn agos.

Confusion ruled everything, and danger was always close.

Roedd rhaid i Buck aros yn effro oherwydd bod y dynion a'r cŵn hyn yn wahanol.

Buck had to stay alert because these men and dogs were different.

Nid oeddent o drefi; roeddent yn wyllt a heb drugaredd.

They were not from towns; they were wild and without mercy.

Dim ond cyfraith clwb a fang oedd y dynion a'r cŵn hyn yn ei wybod.

These men and dogs only knew the law of club and fang.

Nid oedd Buck erioed wedi gweld cŵn yn ymladd fel yr husgïau gwyllt hyn.

Buck had never seen dogs fight like these savage huskies.

Dysgodd ei brofiad cyntaf wers iddo na fyddai byth yn ei hanghofio.

His first experience taught him a lesson he would never forget.

Roedd yn lwcus nad ef oedd o, neu byddai ef wedi marw hefyd.

He was lucky it was not him, or he would have died too.

Curly oedd yr un a ddioddefodd tra bod Buck yn gwylio ac yn dysgu.

Curly was the one who suffered while Buck watched and learned.

Roedden nhw wedi gwneud gwersyll ger siop wedi'i hadeiladu o foncyffion.

They had made camp near a store built from logs.

Ceisiodd Curly fod yn gyfeillgar â husky mawr, tebyg i flaidd.

Curly tried to be friendly to a large, wolf-like husky.

Roedd yr husky yn llai na Curly, ond yn edrych yn wyllt ac yn gas.

The husky was smaller than Curly, but looked wild and mean.

Heb rybudd, neidiodd a thorri ei hwyneb ar agor.

Without warning, he jumped and slashed her face open.

Torrodd ei ddannedd o'i llygad i lawr i'w gên mewn un symudiad.

His teeth cut from her eye down to her jaw in one move.

Dyma sut roedd bleiddiaid yn ymladd—taro'n gyflym a neidio i ffwrdd.

This was how wolves fought—hit fast and jump away.

Ond roedd mwy i'w ddysgu nag o'r un ymosodiad hwnnw.

But there was more to learn than from that one attack.

Rhuthrodd dwsinau o husgïau i mewn a gwneud cylch tawel.

Dozens of huskies rushed in and made a silent circle.

Fe wnaethon nhw wylio'n ofalus a llyfu eu gwefusau gyda newyn.

They watched closely and licked their lips with hunger.

Doedd Buck ddim yn deall eu distawrwydd na'u llygaid awyddus.

Buck didn't understand their silence or their eager eyes.

Brysiodd Curly i ymosod ar yr husky am yr ail dro.

Curly rushed to attack the husky a second time.

Defnyddiodd ei frest i'w tharo drosodd gyda symudiad cryf.

He used his chest to knock her over with a strong move.

Syrthiodd ar ei hochr ac ni allai godi'n ôl i fyny.

She fell on her side and could not get back up.

Dyna oedd yr hyn yr oedd y lleill wedi bod yn aros amdano drwy'r amser.

That was what the others had been waiting for all along.

Neidiodd yr huskies arni, gan weiddi a chwyrnu mewn cynddaredd.

The huskies jumped on her, yelping and snarling in a frenzy.

Sgrechiodd wrth iddyn nhw ei chladdu o dan bentwr o gŵn.

She screamed as they buried her under a pile of dogs.

Roedd yr ymosodiad mor gyflym nes i Buck rewi yn ei le gyda sioc.

The attack was so fast that Buck froze in place with shock.

Gwelodd Spitz yn rhoi ei dafod allan mewn ffordd a oedd yn edrych fel chwerthin.

He saw Spitz stick out his tongue in a way that looked like a laugh.

Gafaelodd François mewn bwyell a rhedeg yn syth i mewn i'r grŵp o gŵn.

François grabbed an axe and ran straight into the group of dogs.

Defnyddiodd tri dyn arall glybiau i helpu i guro'r huskies i ffwrdd.

Three other men used clubs to help beat the huskies away.

Mewn dim ond dwy funud, roedd yr ymladd drosodd a'r cŵn wedi mynd.

In just two minutes, the fight was over and the dogs were gone.

Roedd Curly yn gorwedd yn farw yn yr eira coch, wedi'i sathru, ei chorff wedi'i rhwygo'n ddarnau.

Curly lay dead in the red, trampled snow, her body torn apart.

Safodd dyn croen tywyll uwch ei phen, yn melltithio'r olygfa greulon.

A dark-skinned man stood over her, cursing the brutal scene.

Arhosodd yr atgof gyda Buck ac roedd yn aflonyddu ar ei freuddwydion yn y nos.

The memory stayed with Buck and haunted his dreams at night.

Dyna oedd y ffordd yma; dim tegwch, dim ail gyfle.

That was the way here; no fairness, no second chance.

Unwaith y byddai ci yn cwympo, byddai'r lleill yn lladd heb drugaredd.

Once a dog fell, the others would kill without mercy.

Penderfynodd Buck bryd hynny na fyddai byth yn caniatáu iddo'i hun syrthio.

Buck decided then that he would never allow himself to fall.

Styngodd Spitz ei dafod allan eto a chwarddodd am y gwaed.

Spitz stuck out his tongue again and laughed at the blood.

O'r foment honno ymlaen, roedd Buck yn casáu Spitz â'i holl galon.

From that moment on, Buck hated Spitz with all his heart.

Cyn i Buck allu gwella o farwolaeth Curly, digwyddodd rhywbeth newydd.

Before Buck could recover from Curly's death, something new happened.

Daeth François draw a rhwymo rhywbeth o amgylch corff Buck.

François came over and strapped something around Buck's body.

Harnais ydoedd fel y rhai a ddefnyddir ar geffylau ar y ransh.

It was a harness like the ones used on horses at the ranch.

Gan fod Buck wedi gweld ceffylau'n gweithio, nawr roedd yn rhaid iddo weithio hefyd.

As Buck had seen horses work, now he was made to work too.

Roedd rhaid iddo dynnu François ar sled i'r goedwig gerllaw.

He had to pull François on a sled into the forest nearby.

Yna bu'n rhaid iddo dynnu llwyth o goed tân trwm yn ôl.

Then he had to pull back a load of heavy firewood.

Roedd Buck yn falch, felly roedd yn brifo iddo gael ei drin fel anifail gwaith.

Buck was proud, so it hurt him to be treated like a work animal.

Ond roedd yn ddoeth ac ni cheisiodd ymladd yn erbyn y sefyllfa newydd.

But he was wise and didn't try to fight the new situation.

Derbyniodd ei fywyd newydd a rhoddodd ei orau ym mhob tasg.

He accepted his new life and gave his best in every task.

Roedd popeth am y gwaith yn rhyfedd ac yn anghyfarwydd iddo.

Everything about the work was strange and unfamiliar to him.

Roedd François yn llym ac yn mynnu ufudd-dod heb oedi.

François was strict and demanded obedience without delay.

Gwnaeth ei chwip yn siŵr bod pob gorchymyn yn cael ei ddilyn ar unwaith.

His whip made sure that every command was followed at once.

Dave oedd y gyrrwr olwyn, y ci agosaf at y sled y tu ôl i Buck.

Dave was the wheeler, the dog nearest the sled behind Buck.

Byddai Dave yn brathu Buck ar ei goesau ôl pe bai'n gwneud camgymeriad.

Dave bit Buck on the back legs if he made a mistake.

Spitz oedd y ci arweiniol, yn fedrus ac yn brofiadol yn y rôl.

Spitz was the lead dog, skilled and experienced in the role.

Ni allai Spitz gyrraedd Buck yn hawdd, ond fe'i cywirodd o hyd.

Spitz could not reach Buck easily, but still corrected him.

Roedd yn grwgnach yn llym neu'n tynnu'r sled mewn ffyrdd a ddysgodd i Buck.

He growled harshly or pulled the sled in ways that taught Buck.

O dan yr hyfforddiant hwn, dysgodd Buck yn gyflymach nag yr oedd yr un ohonyn nhw'n ei ddisgwyl.

Under this training, Buck learned faster than any of them expected.

Gweithiodd yn galed a dysgodd gan François a'r cŵn eraill.

He worked hard and learned from both François and the other dogs.

Erbyn iddyn nhw ddychwelyd, roedd Buck eisoes yn gwybod y gorchmynion allweddol.

By the time they returned, Buck already knew the key commands.

Dysgodd stopio wrth sŵn "ho" gan François.

He learned to stop at the sound of "ho" from François.

Dysgodd pan oedd yn rhaid iddo dynnu'r sled a rhedeg.

He learned when he had to pull the sled and run.

Dysgodd droi'n llydan ar droeon yn y llwybr heb drafferth.

He learned to turn wide at bends in the trail without trouble.

Dysgodd hefyd osgoi Dave pan fyddai'r sled yn mynd i lawr yr allt yn gyflym.

He also learned to avoid Dave when the sled went downhill fast.

"Maen nhw'n gŵn da iawn," meddai François wrth Perrault yn falch.

"They're very good dogs," François proudly told Perrault.

"Mae'r Buck yna'n tynnu fel uffern—dw i'n ei ddysgu mor gyflym â dim."

"That Buck pulls like hell—I teach him quick as anything."

Yn ddiweddarach y diwrnod hwnnw, daeth Perrault yn ôl gyda dau gi husky arall.

Later that day, Perrault came back with two more husky dogs.

Billee a Joe oedd eu henwau, ac roedden nhw'n frodyr.

Their names were Billee and Joe, and they were brothers.

Daethant o'r un fam, ond nid oeddent yn debyg o gwbl.

They came from the same mother, but were not alike at all.

Roedd Billee yn garedig ac yn rhy gyfeillgar gyda phawb.

Billee was sweet-natured and too friendly with everyone.

Roedd Joe yn groes i hynny—tawel, yn ddig, a bob amser yn chwyrnu.

Joe was the opposite—quiet, angry, and always snarling.

Cyfarchodd Buck nhw mewn ffordd gyfeillgar ac roedd yn dawel gyda'r ddau.

Buck greeted them in a friendly way and was calm with both.

Ni roddodd Dave unrhyw sylw iddynt ac arhosodd yn dawel fel arfer.

Dave paid no attention to them and stayed silent as usual.

Ymosododd Spitz ar Billee yn gyntaf, yna Joe, i ddangos ei oruchafiaeth.

Spitz attacked first Billee, then Joe, to show his dominance.

Ysgwydodd Billee ei gynffon a cheisiodd fod yn gyfeillgar â Spitz.

Billee wagged his tail and tried to be friendly to Spitz.

Pan nad oedd hynny'n gweithio, ceisiodd redeg i ffwrdd yn lle hynny.

When that didn't work, he tried to run away instead.

Crioodd yn drist pan frathodd Spitz ef yn galed ar yr ochr.

He cried sadly when Spitz bit him hard on the side.

Ond roedd Joe yn wahanol iawn ac yn gwrthod cael ei fwlio.

But Joe was very different and refused to be bullied.

Bob tro y byddai Spitz yn agosáu, byddai Joe yn troi i'w wynebu'n gyflym.

Every time Spitz came near, Joe spun to face him fast.

Roedd ei ffwr yn blewog, ei wefusau'n cyrlio, a'i ddannedd yn cracio'n wyllt.

His fur bristled, his lips curled, and his teeth snapped wildly.

Disgleiriodd llygaid Joe gydag ofn a chynddaredd, gan herio Spitz i ymosod.

Joe's eyes gleamed with fear and rage, daring Spitz to strike.

Rhoddodd Spitz y gorau i'r frwydr a throdd i ffwrdd, wedi'i gywilyddio a'i ddig.

Spitz gave up the fight and turned away, humiliated and angry.

Tynnodd ei rwystredigaeth allan ar Billee druan a'i yrru i ffwrdd.

He took out his frustration on poor Billee and chased him away.

Y noson honno, ychwanegodd Perrault un ci arall at y tîm.

That evening, Perrault added one more dog to the team.

Roedd y ci hwn yn hen, yn fain, ac wedi'i orchuddio â chreithiau brwydr.

This dog was old, lean, and covered in battle scars.

Roedd un o'i lygaid ar goll, ond roedd y llall yn fflachio â nerth.

One of his eyes was missing, but the other flashed with power.

Enw'r ci newydd oedd Solleks, sy'n golygu'r Un Ddig.

The new dog's name was Solleks, which meant the Angry One.

Fel Dave, ni ofynnodd Solleks ddim gan eraill, ac ni roddodd ddim yn ôl.

Like Dave, Solleks asked nothing from others, and gave nothing back.

Pan gerddodd Solleks yn araf i mewn i'r gwersyll, arhosodd hyd yn oed Spitz i ffwrdd.

When Solleks walked slowly into camp, even Spitz stayed away.

Roedd ganddo arferiad rhyfedd na chafodd Buck ddigon o lwc i'w ddarganfod.

He had a strange habit that Buck was unlucky to discover.

Roedd Solleks yn casáu cael ei gysylltu ar yr ochr lle'r oedd yn ddall.

Solleks hated being approached on the side where he was blind.

Doedd Buck ddim yn gwybod hyn a gwnaeth y camgymeriad hwnnw ar ddamwain.

Buck did not know this and made that mistake by accident.

Trodd Solleks o gwmpas a sgrapio ysgwydd Buck yn ddwfn ac yn gyflym.

Solleks spun around and slashed Buck's shoulder deep and fast.

O'r foment honno ymlaen, ni ddaeth Buck byth yn agos at ochr dall Solleks.

From that moment on, Buck never came near Solleks' blind side.

Ni chawsant drafferth eto am weddill eu hamser gyda'i gilydd.

They never had trouble again for the rest of their time together.

Dim ond cael ei adael ar ei ben ei hun oedd Solleks eisiau, fel Dave tawel.

Solleks wanted only to be left alone, like quiet Dave.

Ond byddai Buck yn dysgu yn ddiweddarach fod gan bob un ohonyn nhw nod cyfrinachol arall.

But Buck would later learn they each had another secret goal.

Y noson honno wynebodd Buck her newydd a thrafferthus—sut i gysgu.

That night Buck faced a new and troubling challenge—how to sleep.

Roedd y babell yn tywynnu'n gynnes gyda golau cannwyll yn y cae eiraog.

The tent glowed warmly with candlelight in the snowy field.

Cerddodd Buck i mewn, gan feddwl y gallai orffwys yno fel o'r blaen.

Buck walked inside, thinking he could rest there like before.

Ond gwaeddodd Perrault a François arno a thaflu sosbenni.

But Perrault and François yelled at him and threw pans.

Wedi synnu ac yn ddryslyd, rhedodd Buck allan i'r oerfel rhewllyd.

Shocked and confused, Buck ran out into the freezing cold.

Pigodd gwynt chwerw ei ysgwydd clwyfedig a rhewi ei bawennau.

A bitter wind stung his wounded shoulder and froze his paws.

Gorweddodd i lawr yn yr eira a cheisiodd gysgu allan yn yr awyr agored.

He lay down in the snow and tried to sleep out in the open.

Ond yn fuan fe'i gorfododd i godi'n ôl i fyny, gan grynu'n ofnadwy.

But the cold soon forced him to get back up, shaking badly.

Crwydrodd drwy'r gwersyll, gan geisio dod o hyd i fan cynhesach.

He wandered through the camp, trying to find a warmer spot.

Ond roedd pob cornel yr un mor oer â'r un o'i flaen.

But every corner was just as cold as the one before.

Weithiau byddai cŵn gwyllt yn neidio ato o'r tywyllwch.

Sometimes savage dogs jumped at him from the darkness.

Cododd Buck ei ffwr, dangosodd ei ddannedd, a chwyrnodd yn rhybuddiol.

Buck bristled his fur, bared his teeth, and snarled with warning.

Roedd yn dysgu'n gyflym, ac fe giliai'r cŵn eraill yn ôl yn gyflym.

He was learning fast, and the other dogs backed off quickly.

Eto i gyd, nid oedd ganddo le i gysgu, a dim syniad beth i'w wneud.

Still, he had no place to sleep, and no idea what to do.

O'r diwedd, daeth syniad iddo—edrych ar ei gyd-chwaraewyr.

At last, a thought came to him—check on his team-mates.

Dychwelodd i'w hardal ac fe'i synnwyd o'u gweld nhw wedi mynd.

He returned to their area and was surprised to find them gone.

Chwiliodd y gwersyll eto, ond methodd â'u canfod o hyd.

Again he searched the camp, but still could not find them.

Roedd e'n gwybod na allent fod yn y babell, neu byddai yntau hefyd.

He knew they could not be in the tent, or he would be too.

Felly ble roedd yr holl gŵn wedi mynd yn y gwersyll rhewllyd hwn?

So where had all the dogs gone in this frozen camp?

Cylchodd Buck, yn oer ac yn drist, yn araf o amgylch y babell.

Buck, cold and miserable, slowly circled around the tent.

Yn sydyn, suddodd ei goesau blaen i mewn i eira meddal a'i ddychryn.

Suddenly, his front legs sank into soft snow and startled him.

Symudodd rhywbeth o dan ei draed, a neidiodd yn ôl mewn ofn.

Something wriggled under his feet, and he jumped back in fear.

Grwgnachodd a chwyrnodd, heb wybod beth oedd o dan yr eira.

He growled and snarled, not knowing what lay beneath the snow.

Yna clywodd gyfarth bach cyfeillgar a leddfu ei ofn.

Then he heard a friendly little bark that eased his fear.

Aroglodd yr awyr a daeth yn agosach i weld beth oedd wedi'i guddio.

He sniffed the air and came closer to see what was hidden.

O dan yr eira, wedi'i gyrlio'n bêl gynnes, roedd Billee bach.

Under the snow, curled into a warm ball, was little Billee.

Ysgwydodd Billee ei gynffon a llyfu wyneb Buck i'w gyfarch.

Billee wagged his tail and licked Buck's face to greet him.

Gwelodd Buck sut roedd Billee wedi gwneud lle cysgu yn yr eira.

Buck saw how Billee had made a sleeping place in the snow.

Roedd wedi cloddio i lawr ac wedi defnyddio ei wres ei hun i gadw'n gynnes.

He had dug down and used his own heat to stay warm.

Roedd Buck wedi dysgu gwers arall—dyma sut roedd y cŵn yn cysgu.

Buck had learned another lesson—this was how the dogs slept.

Dewisodd fan a dechrau cloddio ei dwll ei hun yn yr eira.

He picked a spot and started digging his own hole in the snow.

Ar y dechrau, roedd yn symud o gwmpas gormod ac yn gwastraffu egni.

At first, he moved around too much and wasted energy.

Ond yn fuan cynhesodd ei gorff y gofod, ac roedd yn teimlo'n ddiogel.

But soon his body warmed the space, and he felt safe.

Cyrliodd i fyny'n dynn, a chyn bo hir roedd yn cysgu'n drwm.

He curled up tightly, and before long he was fast asleep.

Roedd y diwrnod wedi bod yn hir ac yn galed, ac roedd Buck wedi blino'n lân.

The day had been long and hard, and Buck was exhausted.

Cysgodd yn ddwfn ac yn gyfforddus, er bod ei freuddwydion yn wyllt.

He slept deeply and comfortably, though his dreams were wild.

Grwgnachodd a chyfarthodd yn ei gwsg, gan droelli wrth iddo freuddwydio.

He growled and barked in his sleep, twisting as he dreamed.

Ni ddeffrodd Buck nes bod y gwersyll eisoes yn dod yn fyw.

Buck didn't wake up until the camp was already coming to life.

Ar y dechrau, doedd e ddim yn gwybod ble roedd e na beth oedd wedi digwydd.

At first, he didn't know where he was or what had happened.

Roedd eira wedi disgyn dros nos ac wedi claddu ei gorff yn llwyr.

Snow had fallen overnight and completely buried his body.

Gwasgodd yr eira o'i gwmpas, yn dynn ar bob ochr.

The snow pressed in around him, tight on all sides.

Yn sydyn rhuthrodd ton o ofn trwy gorff cyfan Buck.

Suddenly a wave of fear rushed through Buck's entire body.

Yr ofn o gael eich dal ydoedd, ofn o reddfau dwfn.

It was the fear of being trapped, a fear from deep instincts.

Er nad oedd erioed wedi gweld trap, roedd yr ofn yn byw y tu mewn iddo.

Though he had never seen a trap, the fear lived inside him.

Ci dof oedd e, ond nawr roedd ei hen reddfau gwyllt yn deffro.

He was a tame dog, but now his old wild instincts were waking.

Tynhaodd cyhyrau Buck, a safodd ei ffwr i fyny dros ei gefn i gyd.

Buck's muscles tensed, and his fur stood up all over his back.

Chwyrnodd yn ffyrnig a neidiodd yn syth i fyny drwy'r eira.

He snarled fiercely and sprang straight up through the snow.

Hedfanodd eira i bob cyfeiriad wrth iddo ffrwydro i olau dydd.

Snow flew in every direction as he burst into the daylight.

Hyd yn oed cyn glanio, gwelodd Buck y gwersyll wedi'i ledaenu o'i flaen.

Even before landing, Buck saw the camp spread out before him.

Cofiodd bopeth o'r diwrnod cynt, i gyd ar unwaith.

He remembered everything from the day before, all at once.

Roedd yn cofio crwydro gyda Manuel a gorffen yn y lle hwn.

He remembered strolling with Manuel and ending up in this place.

Roedd yn cofio cloddio'r twll a syrthio i gysgu yn yr oerfel.

He remembered digging the hole and falling asleep in the cold.

Nawr roedd yn effro, a'r byd gwyllt o'i gwmpas yn glir.

Now he was awake, and the wild world around him was clear.

Daeth gweiddi gan François yn cyhoeddi ymddangosiad sydyn Buck.

A shout from François hailed Buck's sudden appearance.

"Beth ddywedais i?" gwaeddodd y gyrrwr ci yn uchel wrth Perrault.

"What did I say?" the dog-driver cried loudly to Perrault.

"Mae'r Buck yna'n dysgu mor gyflym â dim byd yn sicr," ychwanegodd François.

"That Buck for sure learns quick as anything," François added.

Nodiodd Perrault yn ddifrifol, yn amlwg yn falch o'r canlyniad.

Perrault nodded gravely, clearly pleased with the result.

Fel negesydd i Lywodraeth Canada, roedd yn cludo anfonebau.

As a courier for the Canadian Government, he carried dispatches.

Roedd yn awyddus i ddod o hyd i'r cŵn gorau ar gyfer ei genhadaeth bwysig.

He was eager to find the best dogs for his important mission.

Roedd yn teimlo'n arbennig o falch nawr bod Buck yn rhan o'r tîm.

He felt especially pleased now that Buck was part of the team.

Ychwanegwyd tri huski arall at y tîm o fewn awr.

Three more huskies were added to the team within an hour.

Daeth hynny â chyfanswm y cŵn yn y tîm i naw.

That brought the total number of dogs on the team to nine.

O fewn pymtheg munud roedd yr holl gŵn yn eu harneisiau.

Within fifteen minutes all the dogs were in their harnesses.

Roedd y tîm sled yn siglo i fyny'r llwybr tuag at Dyea Cañon.

The sled team was swinging up the trail toward Dyea Cañon.

Roedd Buck yn teimlo'n falch o fod yn gadael, hyd yn oed os oedd y gwaith o'i flaen yn galed.

Buck felt glad to be leaving, even if the work ahead was hard.

Canfu nad oedd yn arbennig o ddirmygu'r llafur na'r oerfel.

He found he did not particularly despise the labor or the cold.

Cafodd ei synnu gan yr awydd a lenwid y tîm cyfan.

He was surprised by the eagerness that filled the whole team.

Yn fwy syndod fyth oedd y newid a oedd wedi dod dros Dave a Solleks.

Even more surprising was the change that had come over Dave and Solleks.

Roedd y ddau gi hyn yn hollol wahanol pan oeddent wedi'u harneisio.

These two dogs were entirely different when they were harnessed.

Roedd eu goddefgarwch a'u diffyg pryder wedi diflannu'n llwyr.

Their passiveness and lack of concern had completely disappeared.

Roeddent yn effro ac yn egnïol, ac yn awyddus i wneud eu gwaith yn dda.

They were alert and active, and eager to do their work well.

Fe wnaethon nhw fynd yn flin iawn at unrhyw beth a achosodd oedi neu ddryswch.

They grew fiercely irritated at anything that caused delay or confusion.

Y gwaith caled ar yr awenau oedd canolbwynt eu bodolaeth gyfan.

The hard work on the reins was the center of their entire being.

Tynnu sled oedd yr unig beth roedden nhw wir yn ei fwynhau, i bob golwg.

Sled pulling seemed to be the only thing they truly enjoyed.

Roedd Dave yng nghefn y grŵp, agosaf at y sled ei hun.

Dave was at the back of the group, closest to the sled itself.

Gosodwyd Buck o flaen Dave, a thynnodd Solleks o flaen Buck.

Buck was placed in front of Dave, and Solleks pulled ahead of Buck.

Roedd gweddill y cŵn wedi'u hymestyn o'u blaenau mewn un rhes.

The rest of the dogs were strung out ahead in a single file.

Llenwyd y safle blaenllaw yn y blaen gan Spitz.

The lead position at the front was filled by Spitz.

Roedd Buck wedi cael ei osod rhwng Dave a Solleks i gael cyfarwyddyd.

Buck had been placed between Dave and Solleks for instruction.

Roedd yn ddysgwr cyflym, ac roedden nhw'n athrawon cadarn a galluog.

He was a quick learner, and they were firm and capable teachers.

Ni wnaethant byth adael i Buck aros mewn camgymeriad am hir.

They never allowed Buck to remain in error for long.

Roedden nhw'n dysgu eu gwersi â dannedd miniog pan oedd angen.

They taught their lessons with sharp teeth when needed.

Roedd Dave yn deg ac yn dangos math tawel, difrifol o ddoethineb.

Dave was fair and showed a quiet, serious kind of wisdom.

Ni frathodd Buck erioed heb reswm da dros wneud hynny.

He never bit Buck without a good reason to do so.

Ond ni fethodd byth â brathu pan oedd angen cywiriad ar Buck.

But he never failed to bite when Buck needed correction.

Roedd chwip François bob amser yn barod ac yn cefnogi eu hawdurdod.

François's whip was always ready and backed up their authority.

Yn fuan, darganfu Buck ei bod hi'n well ufuddhau na ymladd yn ôl.

Buck soon found it was better to obey than to fight back.

Unwaith, yn ystod gorffwys byr, aeth Buck yn sownd yn yr awenau.

Once, during a short rest, Buck got tangled in the reins.

Gohiriodd y dechrau a drysu symudiad y tîm.

He delayed the start and confused the team's movement.

Hedfanodd Dave a Solleks ato a rhoi curiad garw iddo.

Dave and Solleks flew at him and gave him a rough beating.

Dim ond gwaethygu wnaeth y dryswch, ond dysgodd Buck ei wers yn dda.

The tangle only got worse, but Buck learned his lesson well.

O hynny ymlaen, cadwodd yr awenau'n dynn, a gweithiodd yn ofalus.

From then on, he kept the reins taut, and worked carefully.

Cyn i'r diwrnod ddod i ben, roedd Buck wedi meistroli llawer o'i dasg.

Before the day ended, Buck had mastered much of his task.

Bu bron i'w gyd-chwaraewyr roi'r gorau i'w gywiro na'i frathu.

His teammates almost stopped correcting or biting him.

Roedd chwip François yn cracio drwy'r awyr yn llai ac yn llai aml.

François's whip cracked through the air less and less often.

Cododd Perrault draed Buck hyd yn oed ac archwiliodd bob pawen yn ofalus.

Perrault even lifted Buck's feet and carefully examined each paw.

Roedd wedi bod yn ddiwrnod caled o redeg, yn hir ac yn flinedig iddyn nhw i gyd.

It had been a hard day's run, long and exhausting for them all.

Teithiasant i fyny'r Cañon, trwy Wersyll y Defaid, a heibio'r Scales.

They travelled up the Cañon, through Sheep Camp, and past the Scales.

Fe wnaethon nhw groesi'r llinell goed, yna rhewlifoedd a lluwchfeydd eira lawer troedfedd o ddyfnder.

They crossed the timber line, then glaciers and snowdrifts many feet deep.

Dringon nhw'r Rhaniad Chilkoot mawr, oer a gwaharddedig.

They climbed the great cold and forbidding Chilkoot Divide.

Roedd y grib uchel honno'n sefyll rhwng dŵr hallt a'r tu mewn rhewllyd.

That high ridge stood between salt water and the frozen interior.

Roedd y mynyddoedd yn gwarchod y Gogledd trist ac unig gyda rhew a dringfeydd serth.

The mountains guarded the sad and lonely North with ice and steep climbs.

Fe wnaethon nhw amser da i lawr cadwyn hir o lynnoedd islaw'r rhaniad.

They made good time down a long chain of lakes below the divide.

Llenwodd y llynnoedd hynny graterau hynafol llosgfynyddoedd diflanedig.

Those lakes filled the ancient craters of extinct volcanoes.

Yn hwyr y noson honno, cyrhaeddon nhw wersyll mawr yn Llyn Bennett.

Late that night, they reached a large camp at Lake Bennett.

Roedd miloedd o geiswyr aur yno, yn adeiladu cychod ar gyfer y gwanwyn.

Thousands of gold seekers were there, building boats for spring.

Roedd yr iâ yn mynd i dorri'n fuan, ac roedd yn rhaid iddyn nhw fod yn barod.

The ice was going break up soon, and they had to be ready.

Cloddiodd Buck ei dwll yn yr eira a syrthiodd i gwsg dwfn.

Buck dug his hole in the snow and fell into a deep sleep.

Cysgodd fel dyn gweithiol, wedi blino'n lân ar ôl diwrnod caled o lafur.

He slept like a working man, exhausted from the harsh day of toil.

Ond yn rhy gynnar yn y tywyllwch, cafodd ei lusgo o gwsg.

But too early in the darkness, he was dragged from sleep.

Cafodd ei harneisio gyda'i ffrindiau eto a'i gysylltu â'r sled.

He was harnessed with his mates again and attached to the sled.

Y diwrnod hwnnw fe wnaethon nhw ddeugain milltir, oherwydd bod yr eira wedi'i sathru'n dda.

That day they made forty miles, because the snow was well trodden.

Y diwrnod canlynol, ac am lawer o ddyddiau wedyn, roedd yr eira'n feddal.

The next day, and for many days after, the snow was soft.

Roedd yn rhaid iddyn nhw wneud y llwybr eu hunain, gan weithio'n galetach a symud yn arafach.

They had to make the path themselves, working harder and moving slower.

Fel arfer, byddai Perrault yn cerdded o flaen y tîm gydag esgidiau eira gweog.

Usually, Perrault walked ahead of the team with webbed snowshoes.

Paciodd ei gamau'r eira, gan ei gwneud hi'n haws i'r sled symud.

His steps packed the snow, making it easier for the sled to move.

Weithiau byddai François, a lywiodd o'r polyn gee, yn cymryd yr awenau.

François, who steered from the gee-pole, sometimes took over.

Ond prin oedd y byddai François yn cymryd yr awenau.

But it was rare that François took the lead

oherwydd bod Perrault ar frys i ddosbarthu'r llythyrau a'r parseli.

because Perrault was in a rush to deliver the letters and parcels.

Roedd Perrault yn falch o'i wybodaeth am eira, ac yn enwedig iâ.

Perrault was proud of his knowledge of snow, and especially ice.

Roedd y wybodaeth honno'n hanfodol, oherwydd roedd iâ'r hydref yn beryglus o denau.

That knowledge was essential, because fall ice was dangerously thin.

Lle roedd dŵr yn llifo'n gyflym o dan yr wyneb, nid oedd unrhyw iâ o gwbl.

Where water flowed fast beneath the surface, there was no ice at all.

Ddydd ar ôl dydd, yr un drefn yn ailadrodd heb ddiwedd.

Day after day, the same routine repeated without end.

Llafuriodd Buck yn ddiddiwedd yn yr awenau o wawr hyd nos.

Buck toiled endlessly in the reins from dawn until night.

Gadawon nhw'r gwersyll yn y tywyllwch, ymhell cyn i'r haul godi.

They left camp in the dark, long before the sun had risen.
Erbyn i olau dydd ddod, roedd milltiroedd lawer eisoes y tu ôl iddyn nhw.
By the time daylight came, many miles were already behind them.
Fe wnaethon nhw wersylla ar ôl iddi nosi, gan fwyta pysgod a chloddio i mewn i'r eira.
They pitched camp after dark, eating fish and burrowing into snow.
Roedd Buck bob amser yn llwglyd ac ni fyddai byth yn wirioneddol fodlon â'i ddogn.
Buck was always hungry and never truly satisfied with his ration.
Roedd yn derbyn punt a hanner o eog sych bob dydd.
He received a pound and a half of dried salmon each day.
Ond roedd yn ymddangos bod y bwyd yn diflannu y tu mewn iddo, gan adael newyn ar ôl.
But the food seemed to vanish inside him, leaving hunger behind.
Roedd yn dioddef o newyn cyson, ac yn breuddwydio am fwy o fwyd.
He suffered from constant pangs of hunger, and dreamed of more food.
Dim ond pwys o fwyd a gafodd y cŵn eraill, ond fe arhoson nhw'n gryf.
The other dogs got only one pound of food, but they stayed strong.
Roedden nhw'n llai, ac wedi cael eu geni i fywyd y gogledd.
They were smaller, and had been born into the northern life.
Collodd yn gyflym y manylder a nodweddai ei hen fywyd.
He swiftly lost the fastidiousness which had marked his old life.
Roedd wedi bod yn fwytäwr blasus, ond nawr nid oedd hynny'n bosibl mwyach.
He had been a dainty eater, but now that was no longer possible.

Gorffennodd ei ffrindiau yn gyntaf a dwyn ei ddogn heb ei orffen oddi arno.

His mates finished first and robbed him of his unfinished ration.

Unwaith iddyn nhw ddechrau doedd dim ffordd o amddiffyn ei fwyd rhagddyn nhw.

Once they began there was no way to defend his food from them.

Tra roedd e'n ymladd yn erbyn dau neu dri o gi, roedd y lleill yn dwyn y gweddill.

While he fought off two or three dogs, the others stole the rest.

I drwsio hyn, dechreuodd fwyta mor gyflym ag yr oedd y lleill yn bwyta.

To fix this, he began eating as fast as the others ate.

Roedd newyn yn ei wthio gymaint nes iddo hyd yn oed gymryd bwyd nad oedd yn eiddo iddo'i hun.

Hunger pushed him so hard that he even took food not his own.

Gwyliodd y lleill a dysgodd yn gyflym o'u gweithredoedd.

He watched the others and learned quickly from their actions.

Gwelodd Pike, ci newydd, yn dwyn sleisen o facwn gan Perrault.

He saw Pike, a new dog, steal a slice of bacon from Perrault.

Roedd Pike wedi aros nes bod cefn Perrault wedi'i droi i ddwyn y bacwn.

Pike had waited until Perrault's back was turned to steal the bacon.

Y diwrnod canlynol, copïodd Buck Pike a dwyn y darn cyfan.

The next day, Buck copied Pike and stole the whole chunk.

Dilynodd cynnwrf mawr, ond ni amheuwyd Buck.

A great uproar followed, but Buck was not suspected.

Cafodd Dub, ci lletchwith a oedd bob amser yn cael ei ddal, ei gosbi yn lle hynny.

Dub, a clumsy dog who always got caught, was punished instead.

Roedd y lladrad cyntaf hwnnw'n nodi Buck fel ci addas i oroesi'r Gogledd.

That first theft marked Buck as a dog fit to survive the North.

Dangosodd ei fod yn gallu addasu i amodau newydd a dysgu'n gyflym.

He showed he could adapt to new conditions and learn quickly.

Heb addasrwydd o'r fath, byddai wedi marw'n gyflym ac yn ddrwg.

Without such adaptability, he would have died swiftly and badly.

Roedd hefyd yn nodi chwalfa ei natur foesol a'i werthoedd yn y gorffennol.

It also marked the breakdown of his moral nature and past values.

Yn y Deheudir, roedd wedi byw o dan gyfraith cariad a charedigrwydd.

In the Southland, he had lived under the law of love and kindness.

Yno roedd yn gwneud synnwyr parchu eiddo a theimladau cŵn eraill.

There it made sense to respect property and other dogs' feelings.

Ond dilynodd y Northland gyfraith y clwb a chyfraith y fang.

But the Northland followed the law of club and the law of fang.

Pwy bynnag a barchai hen werthoedd yma oedd yn ffôl a byddai'n methu.

Whoever respected old values here was foolish and would fail.

Ni resymodd Buck hyn i gyd yn ei feddwl.

Buck did not reason all this out in his mind.

Roedd yn ffit, ac felly addasodd heb orfod meddwl.

He was fit, and so he adjusted without needing to think.

Drwy gydol ei oes, nid oedd erioed wedi rhedeg i ffwrdd o ymladd.

All his life, he had never run away from a fight.

Ond newidiodd clwb pren y dyn yn y siwmper goch y rheol honno.

But the wooden club of the man in the red sweater changed that rule.

Nawr roedd yn dilyn cod dyfnach, hŷn wedi'i ysgrifennu yn ei fodolaeth.

Now he followed a deeper, older code written into his being.

Nid oedd yn lladrata allan o bleser, ond o boen newyn.

He did not steal out of pleasure, but from the pain of hunger.

Ni ladratodd erioed yn agored, ond lladratodd gyda chyfrwystra a gofal.

He never robbed openly, but stole with cunning and care.

Gweithredodd allan o barch at y clwb pren ac ofn y fang.

He acted out of respect for the wooden club and fear of the fang.

Yn fyr, fe wnaeth yr hyn oedd yn haws ac yn fwy diogel na pheidio â'i wneud.

In short, he did what was easier and safer than not doing it.

Roedd ei ddatblygiad—neu efallai ei ddychweliad at hen reddfau—yn gyflym.

His development—or perhaps his return to old instincts—was fast.

Caledodd ei gyhyrau nes eu bod yn teimlo mor gryf â haearn.

His muscles hardened until they felt as strong as iron.

Nid oedd yn poeni mwyach am boen, oni bai ei fod yn ddifrifol.

He no longer cared about pain, unless it was serious.

Daeth yn effeithlon y tu mewn a'r tu allan, heb wastraffu dim o gwbl.

He became efficient inside and out, wasting nothing at all.

Gallai fwyta pethau ffiaidd, pydredig, neu anodd eu treulio.

He could eat things that were vile, rotten, or hard to digest.

Beth bynnag a fwytaodd, defnyddiodd ei stumog bob darn olaf o werth.

Whatever he ate, his stomach used every last bit of value.

Roedd ei waed yn cludo'r maetholion ymhell trwy ei gorff pwerus.

His blood carried the nutrients far through his powerful body.

Adeiladodd hyn feinweoedd cryf a roddodd ddygnwch anhygoel iddo.

This built strong tissues that gave him incredible endurance.

Daeth ei olwg a'i arogl yn llawer mwy sensitif nag o'r blaen.

His sight and smell became much more sensitive than before.

Tyfodd ei glyw mor finiog nes iddo allu canfod synau gwan yn ei gwsg.

His hearing grew so sharp he could detect faint sounds in sleep.

Roedd yn gwybod yn ei freuddwydion a oedd y synau'n golygu diogelwch neu berygl.

He knew in his dreams whether the sounds meant safety or danger.

Dysgodd frathu'r iâ rhwng ei fysedd traed â'i ddannedd.

He learned to bite the ice between his toes with his teeth.

Pe bai twll dŵr yn rhewi, byddai'n torri'r iâ â'i goesau.

If a water hole froze over, he would break the ice with his legs.

Cododd i fyny a tharo'r iâ yn galed â'i goesau blaen anystwyth.

He reared up and struck the ice hard with stiff front limbs.

Ei allu mwyaf trawiadol oedd rhagweld newidiadau yn y gwynt dros nos.

His most striking ability was predicting wind changes overnight.

Hyd yn oed pan oedd yr awyr yn llonydd, dewisodd fannau wedi'u cysgodi rhag y gwynt.

Even when the air was still, he chose spots sheltered from wind.

Lle bynnag y cloddiodd ei nyth, byddai gwynt y diwrnod canlynol yn mynd heibio iddo.

Wherever he dug his nest, the next day's wind passed him by.

Byddai bob amser yn gorffen yn glyd ac yn amddiffynnol, i ochr gysgodol y gwynt.

He always ended up snug and protected, to leeward of the breeze.

Nid trwy brofiad yn unig y dysgodd Buck—dychwelodd ei reddfau hefyd.

Buck not only learned by experience—his instincts returned too.

Dechreuodd arferion cenedlaethau dof ddirywio.

The habits of domesticated generations began to fall away.

Mewn ffyrdd amwys, cofiai hen amseroedd ei frîd.

In vague ways, he remembered the ancient times of his breed.

Meddyliodd yn ôl i'r adeg pan oedd cŵn gwyllt yn rhedeg mewn heidiau trwy goedwigoedd.

He thought back to when wild dogs ran in packs through forests.

Roedden nhw wedi erlid a lladd eu hysglyfaeth wrth ei rhedeg i lawr.

They had chased and killed their prey while running it down.

Roedd hi'n hawdd i Buck ddysgu sut i ymladd â dannedd a chyflymder.

It was easy for Buck to learn how to fight with tooth and speed.

Defnyddiodd doriadau, slaesau, a snapiau cyflym yn union fel ei hynafiaid.

He used cuts, slashes, and quick snaps just like his ancestors.

Deffrodd yr hynafiaid hynny ynddo a deffrodd ei natur wyllt.

Those ancestors stirred within him and awoke his wild nature.

Roedd eu hen sgiliau wedi trosglwyddo iddo trwy'r llinach.

Their old skills had passed into him through the bloodline.

Ei eiddo ef oedd eu triciau nawr, heb unrhyw angen ymarfer na ymdrech.

Their tricks were his now, with no need for practice or effort.

Ar nosweithiau llonydd, oer, cododd Buck ei drwyn ac udo.

On still, cold nights, Buck lifted his nose and howled.

Udodd yn hir ac yn ddwfn, fel yr oedd bleiddiaid wedi gwneud amser maith yn ôl.

He howled long and deep, the way wolves had done long ago.

Trwyddo ef, roedd ei hynafiaid marw yn pwyntio eu trwynau ac yn udo.

Through him, his dead ancestors pointed their noses and howled.

Roedden nhw'n udo i lawr trwy'r canrifoedd yn ei lais a'i siâp.

They howled down through the centuries in his voice and shape.

Ei gadensau oedd yn eiddo iddynt, hen gri a adroddai alar ac oerfel.

His cadences were theirs, old cries that told of grief and cold.

Canon nhw am dywyllwch, am newyn, ac ystyr y gaeaf.

They sang of darkness, of hunger, and the meaning of winter.

Profodd Buck sut mae bywyd yn cael ei siapio gan rymoedd y tu hwnt i'r unigolyn,

Buck proved of how life is shaped by forces beyond oneself,

cododd y gân hynafol trwy Buck a chymryd gafael yn ei enaid.

the ancient song rose through Buck and took hold of his soul.

Daeth o hyd iddo'i hun oherwydd bod dynion wedi dod o hyd i aur yn y Gogledd.

He found himself because men had found gold in the North.

Ac fe'i cafodd ei hun oherwydd bod angen arian ar Manuel, cynorthwyydd y garddwr.

And he found himself because Manuel, the gardener's helper, needed money.

Y Bwystfil Cyntefig Trechol
The Dominant Primordial Beast

Roedd y bwystfil cyntefig dominyddol mor gryf ag erioed yn Buck.

The dominant primordial beast was as strong as ever in Buck.

Ond roedd y bwystfil cyntefig dominyddol wedi gorwedd yn segur ynddo.

But the dominant primordial beast had lain dormant in him.

Roedd bywyd ar y llwybr yn galed, ond fe gryfhaodd yr anifail y tu mewn i Buck.

Trail life was harsh, but it strengthened beast inside Buck.

Yn gyfrinachol, tyfodd y bwystfil yn gryfach ac yn gryfach bob dydd.

Secretly the beast grew stronger and stronger every day.

Ond arhosodd y twf mewnol hwnnw'n gudd i'r byd y tu allan.

But that inner growth stayed hidden to the outside world.

Roedd grym cyntefig tawel a thawel yn adeiladu y tu mewn i Buck.

A quiet and calm primordial force was building inside Buck.

Rhoddodd cyfrwystra newydd gydbwysedd, rheolaeth dawel, a hunanbwysedd i Buck.

New cunning gave Buck balance, calm control, and poise.

Canolbwyntiodd Buck yn galed ar addasu, heb deimlo byth yn gwbl ymlacio.

Buck focused hard on adapting, never feeling fully relaxed.

Roedd yn osgoi gwrthdaro, heb byth ddechrau ymladd, na cheisio trafferth.

He avoided conflict, never starting fights, nor seeking trouble.

Roedd meddylgarwch araf, cyson yn llywio pob symudiad gan Buck.

A slow, steady thoughtfulness shaped Buck's every move.

Osgoodd ddewisiadau brysiog a phenderfyniadau sydyn, di-hid.

He avoided rash choices and sudden, reckless decisions.

Er bod Buck yn casáu Spitz yn fawr, ni ddangosodd unrhyw ymddygiad ymosodol iddo.

Though Buck hated Spitz deeply, he showed him no aggression.

Ni wnaeth Buck byth gythruddo Spitz, a chadwodd ei weithredoedd yn gyfyngedig.

Buck never provoked Spitz, and kept his actions restrained.

Ar y llaw arall, roedd Spitz yn teimlo'r perygl cynyddol yn Buck.

Spitz, on the other hand, sensed the growing danger in Buck.

Roedd yn gweld Buck fel bygythiad ac yn her ddifrifol i'w bŵer.

He saw Buck as a threat and a serious challenge to his power.

Defnyddiodd bob cyfle i gwingo a dangos ei ddannedd miniog.

He used every chance to snarl and show his sharp teeth.

Roedd yn ceisio cychwyn yr ymladd angheuol a oedd yn rhaid iddo ddod.

He was trying to start the deadly fight that had to come.

Yn gynnar yn y daith, bu bron i ymladd ddechrau rhyngddynt.

Early in the trip, a fight nearly broke out between them.

Ond fe wnaeth damwain annisgwyl atal y frwydr rhag digwydd.

But an unexpected accident stopped the fight from happening.

Y noson honno fe wnaethon nhw sefydlu gwersyll ar Lyn Le Barge, sy'n chwerw o oer.

That evening they set up camp on the bitterly cold Lake Le Barge.

Roedd yr eira'n disgyn yn galed, a'r gwynt yn torri fel cyllell.

The snow was falling hard, and the wind cut like a knife.

Roedd y nos wedi dod yn rhy gyflym, ac roedd tywyllwch yn eu hamgylchynu.

The night had come too fast, and darkness surrounded them.

Prin y gallent fod wedi dewis lle gwaeth i orffwys.

They could hardly have chosen a worse place for rest.

Chwiliodd y cŵn yn daer am le i orwedd.

The dogs searched desperately for a place to lie down.

Cododd wal graig dal yn serth y tu ôl i'r grŵp bach.

A tall rock wall rose steeply behind the small group.

Roedd y babell wedi cael ei gadael ar ôl yn Dyea i ysgafnhau'r baich.

The tent had been left behind in Dyea to lighten the load.

Nid oedd ganddyn nhw ddewis ond gwneud y tân ar y rhew ei hun.

They had no choice but to make the fire on the ice itself.

Fe wnaethon nhw ledaenu eu gwisgoedd cysgu yn uniongyrchol ar y llyn wedi rhewi.

They spread their sleeping robes directly on the frozen lake.

Rhoddodd ychydig o ffyn o goed drifft ychydig o dân iddyn nhw.

A few sticks of driftwood gave them a little bit of fire.

Ond cafodd y tân ei gynnau ar y rhew, a dadmer drwyddo.

But the fire was built on the ice, and thawed through it.

Yn y diwedd roedden nhw'n bwyta eu swper yn y tywyllwch.

Eventually they were eating their supper in darkness.

Cyrlodd Buck i fyny wrth ymyl y graig, wedi'i gysgodi rhag y gwynt oer.

Buck curled up beside the rock, sheltered from the cold wind.

Roedd y fan mor gynnes a diogel nes bod Buck yn casáu symud i ffwrdd.

The spot was so warm and safe that Buck hated to move away.

Ond roedd François wedi cynhesu'r pysgod ac yn dosbarthu bwyd.

But François had warmed the fish and was handing out rations.

Gorffennodd Buck fwyta'n gyflym, a dychwelodd i'w wely.

Buck finished eating quickly, and returned to his bed.

Ond roedd Spitz bellach yn gorwedd lle roedd Buck wedi gwneud ei wely.

But Spitz was now laying where Buck had made his bed.

Rhybuddiodd grwgnach isel Buck fod Spitz yn gwrthod symud.

A low snarl warned Buck that Spitz refused to move.

Hyd yn hyn, roedd Buck wedi osgoi'r frwydr hon gyda Spitz.

Until now, Buck had avoided this fight with Spitz.

Ond yn ddwfn y tu mewn i Buck torrodd y bwystfil yn rhydd o'r diwedd.

But deep inside Buck the beast finally broke loose.

Roedd lladrad ei le cysgu yn ormod i'w oddef.

The theft of his sleeping place was too much to tolerate.

Taflodd Buck ei hun at Spitz, yn llawn dicter a chynddaredd.

Buck launched himself at Spitz, full of anger and rage.

Hyd at hyn roedd Spitz wedi meddwl mai dim ond ci mawr oedd Buck.

Up until not Spitz had thought Buck was just a big dog.

Doedd e ddim yn meddwl bod Buck wedi goroesi trwy ei ysbryd.

He didn't think Buck had survived through his spirit.

Roedd yn disgwyl ofn a llwfrgi, nid cynddaredd a dial.

He was expecting fear and cowardice, not fury and revenge.

Syllodd François wrth i'r ddau gi ffrwydro o'r nyth adfeiliedig.

François stared as both dogs burst from the ruined nest.

Deallodd ar unwaith beth oedd wedi cychwyn yr frwydr wyllt.

He understood at once what had started the wild struggle.

"Aa-ah!" gwaeddodd François i gefnogi'r ci brown.

"A-a-ah!" François cried out in support of the brown dog.

"Rhowch guro iddo! Wrth Dduw, cosbwch y lleidr cyfrwys yna!"

"Give him a beating! By God, punish that sneaky thief!"

Dangosodd Spitz yr un parodrwydd ac awydd gwyllt i ymladd.

Spitz showed equal readiness and wild eagerness to fight.

Gwaeddodd mewn cynddaredd wrth gylchu'n gyflym, yn chwilio am agoriad.

He cried out in rage while circling fast, seeking an opening.

Dangosodd Buck yr un awydd i ymladd, a'r un gofal.

Buck showed the same hunger to fight, and the same caution.

Cylchodd ei wrthwynebydd hefyd, gan geisio cael y llaw uchaf yn y frwydr.

He circled his opponent as well, trying to gain the upper hand in battle.

Yna digwyddodd rhywbeth annisgwyl a newidiodd bopeth.

Then something unexpected happened and changed everything.

Gohiriodd y foment honno'r frwydr yn y pen draw am yr arweinyddiaeth.

That moment delayed the eventual fight for the leadership.

Roedd milltiroedd lawer o lwybr a brwydr yn dal i aros cyn y diwedd.

Many miles of trail and struggle still waited before the end.

Gwaeddodd Perrault lw wrth i glwb daro yn erbyn asgwrn.

Perrault shouted an oath as a club smacked against bone.

Dilynodd sgrech miniog o boen, yna ffrwydrodd anhrefn o gwmpas.

A sharp yelp of pain followed, then chaos exploded all around.

Symudodd siapiau tywyll yn y gwersyll; husgïau gwyllt, llwglyd a ffyrnig.

Dark shapes moved in camp; wild huskies, starved and fierce.

Roedd pedwar neu bum dwsin o husgiaid wedi arogli'r gwersyll o bell.

Four or five dozen huskies had sniffed the camp from far away.

Roedden nhw wedi sleifio i mewn yn dawel tra bod y ddau gi yn ymladd gerllaw.

They had crept in quietly while the two dogs fought nearby.

Ymosododd François a Perrault, gan chwifio clybiau at y goresgynwyr.

François and Perrault charged, swinging clubs at the invaders.

Dangosodd yr hyscis newynog ddannedd ac ymladd yn ôl mewn cynddaredd.

The starving huskies showed teeth and fought back in frenzy.

Roedd arogl cig a bara wedi eu gyrru heibio i bob ofn.

The smell of meat and bread had driven them past all fear.

Curodd Perrault gi a oedd wedi claddu ei ben yn y blwch bwyd.

Perrault beat a dog that had buried its head in the grub-box.

Tarodd yr ergyd yn galed, a throwyd y blwch, gan ollwng bwyd allan.

The blow hit hard, and the box flipped, food spilling out.

Mewn eiliadau, rhwygodd sgôr o fwystfilod gwyllt y bara a'r cig.

In seconds, a score of wild beasts tore into the bread and meat.

Glaniodd clybiau'r dynion ergyd ar ôl ergyd, ond ni throdd yr un ci i ffwrdd.

The men's clubs landed blow after blow, but no dog turned away.

Uddon nhw mewn poen, ond ymladdon nhw nes nad oedd bwyd ar ôl.

They howled in pain, but fought until no food remained.

Yn y cyfamser, roedd y cŵn sled wedi neidio o'u gwelyau eiraog.

Meanwhile, the sled-dogs had jumped from their snowy beds.

Ymosodwyd arnyn nhw ar unwaith gan yr huskies llwglyd creulon.

They were instantly attacked by the vicious hungry huskies.

Nid oedd Buck erioed wedi gweld creaduriaid mor wyllt a newynog o'r blaen.

Buck had never seen such wild and starved creatures before.

Roedd eu croen yn hongian yn llac, prin yn cuddio eu sgerbydau.

Their skin hung loose, barely hiding their skeletons.

Roedd tân yn eu llygaid, o newyn a gwallgofrwydd

There was a fire in their eyes, from hunger and madness

Doedd dim modd eu hatal; dim modd gwrthsefyll eu rhuthr gwyllt.

There was no stopping them; no resisting their savage rush.

Gwthiwyd y cŵn sled yn ôl, wedi'u gwasgu yn erbyn wal y clogwyn.

The sled-dogs were shoved back, pressed against the cliff wall.

Ymosododd tri husg ar Buck ar unwaith, gan rwygo i'w gnawd.

Three huskies attacked Buck at once, tearing into his flesh.

Llifodd gwaed o'i ben a'i ysgwyddau, lle'r oedd wedi cael ei dorri.

Blood poured from his head and shoulders, where he'd been cut.

Llenwodd y sŵn y gwersyll; grwgnach, gweiddi, a llefain o boen.

The noise filled the camp; growling, yelps, and cries of pain.

Gwaeddodd Billee yn uchel, fel arfer, wedi'i dal yn y ffrae a'r panig.

Billee cried loudly, as usual, caught in the fray and panic.

Safodd Dave a Solleks ochr yn ochr, yn gwaedu ond yn herfeiddiol.

Dave and Solleks stood side by side, bleeding but defiant.

Ymladdodd Joe fel cythraul, gan frathu unrhyw beth a ddaeth yn agos.

Joe fought like a demon, biting anything that came close.

Malodd goes huski gydag un snap creulon o'i ên.

He crushed a husky's leg with one brutal snap of his jaws.

Neidiodd Pike ar yr husky clwyfedig a thorri ei wddf ar unwaith.

Pike jumped on the wounded husky and broke its neck instantly.

Gafaelodd Buck mewn ci bach wrth ei wddf a rhwygo drwyddo.

Buck caught a husky by the throat and ripped through the vein.

Taflodd gwaed, a gyrrodd y blas cynnes Buck i wallgofrwydd.

Blood sprayed, and the warm taste drove Buck into a frenzy.

Taflodd ei hun at ymosodwr arall heb betruso.

He hurled himself at another attacker without hesitation.

Ar yr un foment, cloddiodd dannedd miniog i wddf Buck ei hun.

At the same moment, sharp teeth dug into Buck's own throat.

Roedd Spitz wedi taro o'r ochr, gan ymosod heb rybudd.

Spitz had struck from the side, attacking without warning.

Roedd Perrault a François wedi trechu'r cŵn oedd yn dwyn y bwyd.

Perrault and François had defeated the dogs stealing the food.

Nawr fe wnaethon nhw ruthro i helpu eu cŵn i ymladd yn ôl yr ymosodwyr.

Now they rushed to help their dogs fight back the attackers.

Ciliodd y cŵn llwglyd wrth i'r dynion siglo eu clybiau.

The starving dogs retreated as the men swung their clubs.

Torrodd Buck yn rhydd o'r ymosodiad, ond byr oedd y dihangfa.

Buck broke free from the attack, but the escape was brief.

Rhedodd y dynion i achub eu cŵn, a heidiodd yr hysgis eto.

The men ran to save their dogs, and the huskies swarmed again.

Neidiodd Billee, wedi'i ddychryn nes iddo ddangos dewrder, i mewn i'r haid o gŵn.

Billee, frightened into bravery, leapt into the pack of dogs.

Ond yna ffodd ar draws yr iâ, mewn braw a phanig crai.

But then he fled across the ice, in raw terror and panic.

Dilynodd Pike a Dub yn agos ar eu hôl, gan redeg am eu bywydau.

Pike and Dub followed close behind, running for their lives.

Torrodd a gwasgarodd gweddill y tîm, gan eu dilyn ar eu hôl.

The rest of the team broke and scattered, following after them.

Casglodd Buck ei nerth i redeg, ond yna gwelodd fflach.

Buck gathered his strength to run, but then saw a flash.

Neidiodd Spitz at ochr Buck, gan geisio ei daro i'r llawr.

Spitz lunged at Buck's side, trying to knock him to the ground.

O dan y dorf honno o huskies, ni fyddai gan Buck unrhyw ddihangfa.

Under that mob of huskies, Buck would have had no escape.

Ond safodd Buck yn gadarn ac yn paratoi am yr ergyd gan Spitz.

But Buck stood firm and braced for the blow from Spitz.

Yna trodd a rhedeg allan ar y rhew gyda'r tîm oedd yn ffoi.

Then he turned and ran out onto the ice with the fleeing team.

Yn ddiweddarach, ymgasglodd y naw ci sled yng nghysgod y coed.

Later, the nine sled-dogs gathered in the shelter of the woods.

Doedd neb yn eu hymlid mwyach, ond cawsant eu curo a'u hanafu.

No one chased them anymore, but they were battered and wounded.

Roedd gan bob ci glwyfau; pedwar neu bum toriad dwfn ar bob corff.

Each dog had wounds; four or five deep cuts on every body.

Roedd gan Dub goes ôl wedi'i hanafu ac roedd yn ei chael hi'n anodd cerdded nawr.

Dub had an injured hind leg and struggled to walk now.

Roedd gan Dolly, y ci newydd o Dyea, wddf wedi'i dorri.

Dolly, the newest dog from Dyea, had a slashed throat.

Roedd Joe wedi colli llygad, ac roedd clust Billee wedi'i thorri'n ddarnau.

Joe had lost an eye, and Billee's ear was cut to pieces

Gwaeddodd yr holl gŵn mewn poen a threchu drwy gydol y nos.

All the dogs cried in pain and defeat through the night.

Gyda'r wawr fe sleifiasant yn ôl i'r gwersyll, yn ddolurus ac wedi torri.

At dawn they crept back to camp, sore and broken.

Roedd yr hysgi wedi diflannu, ond roedd y difrod wedi'i wneud.

The huskies had vanished, but the damage had been done.

Safai Perrault a François mewn hwyliau drwg dros yr adfail.

Perrault and François stood in foul moods over the ruin.

Roedd hanner y bwyd wedi mynd, wedi'i gipio gan y lladron newynog.

Half of the food was gone, snatched by the hungry thieves.

Roedd yr hyscis wedi rhwygo trwy rwymiadau sled a chynfas.

The huskies had torn through sled bindings and canvas.

Roedd unrhyw beth ag arogl bwyd wedi'i ddifa'n llwyr.

Anything with a smell of food had been devoured completely.

Fe wnaethon nhw fwyta pâr o esgidiau teithio croen elc Perrault.

They ate a pair of Perrault's moose-hide traveling boots.

Fe wnaethon nhw gnoi reisiau lledr a difetha strapiau y tu hwnt i ddefnydd.

They chewed leather reis and ruined straps beyond use.

Stopiodd François syllu ar yr amrant wedi'i rhwygo i wirio'r cŵn.

François stopped staring at the torn lash to check the dogs.

"A, fy ffrindiau," meddai, ei lais yn isel ac yn llawn pryder.

"Ah, my friends," he said, his voice low and filled with worry.

"Efallai y bydd yr holl frathiadau hyn yn eich troi'n fwystfilod gwallgof."

"Maybe all these bites will turn you into mad beasts."

"Efallai pob cŵn gwallgof, cysegredig! Beth wyt ti'n ei feddwl, Perrault?"

"Maybe all mad dogs, sacredam! What do you think, Perrault?"

Ysgwydodd Perrault ei ben, ei lygaid yn dywyll gyda phryder ac ofn.

Perrault shook his head, eyes dark with concern and fear.

Roedd pedwar cant milltir yn dal i fod rhyngddynt a Dawson.

Four hundred miles still lay between them and Dawson.

Gallai gwallgofrwydd cŵn nawr ddinistrio unrhyw siawns o oroesi.

Dog madness now could destroy any chance of survival.

Treulion nhw ddwy awr yn rhegi ac yn ceisio trwsio'r offer.

They spent two hours swearing and trying to fix the gear.

Gadawodd y tîm clwyfedig y gwersyll o'r diwedd, wedi torri ac wedi'u trechu.

The wounded team finally left the camp, broken and defeated.

Dyma oedd y llwybr anoddaf eto, ac roedd pob cam yn boenus.

This was the hardest trail yet, and each step was painful.

Nid oedd Afon Trideg Milltir wedi rhewi, ac roedd yn rhuthro'n wyllt.

The Thirty Mile River had not frozen, and was rushing wildly.

Dim ond mewn mannau tawel a throbyllau troellog y llwyddodd iâ i ddal.

Only in calm spots and swirling eddies did ice manage to hold.

Aeth chwe diwrnod o lafur caled heibio nes cwblhau'r tri deg milltir.

Six days of hard labor passed until the thirty miles were done.

Roedd pob milltir o'r llwybr yn dod â pherygl a bygythiad marwolaeth.

Each mile of the trail brought danger and the threat of death.

Risgiodd y dynion a'r cŵn eu bywydau gyda phob cam poenus.

The men and dogs risked their lives with every painful step.

Torrodd Perrault trwy bontydd iâ tenau dwsin o weithiau gwahanol.

Perrault broke through thin ice bridges a dozen different times.

Cariodd bolyn a'i adael i ddisgyn ar draws y twll a wnaeth ei gorff.

He carried a pole and let it fall across the hole his body made.

Mwy nag unwaith y gwnaeth y polyn hwnnw achub Perrault rhag boddi.

More than once did that pole save Perrault from drowning.

Parhaodd y cyfnod oer yn gadarn, roedd yr awyr yn hanner cant gradd islaw sero.

The cold snap held firm, the air was fifty degrees below zero.

Bob tro y byddai'n syrthio i mewn, roedd rhaid i Perrault gynnau tân i oroesi.

Every time he fell in, Perrault had to light a fire to survive.

Roedd dillad gwlyb yn rhewi'n gyflym, felly fe'u sychodd ger gwres poeth.

Wet clothing froze fast, so he dried them near blazing heat.

Ni chyffyrddodd unrhyw ofn â Perrault erioed, a dyna a'i gwnaeth yn negesydd.

No fear ever touched Perrault, and that made him a courier.

Fe'i dewiswyd ar gyfer perygl, ac fe'i cyfarfu â phenderfyniad tawel.

He was chosen for danger, and he met it with quiet resolve.

Gwthiodd ymlaen i'r gwynt, ei wyneb crebachlyd wedi'i rewi.

He pressed forward into wind, his shriveled face frostbitten.

O wawr wan hyd fachlud nos, arweiniodd Perrault nhw ymlaen.

From faint dawn to nightfall, Perrault led them onward.

Cerddodd ar rew ymyl cul a oedd yn cracio gyda phob cam.

He walked on narrow rim ice that cracked with every step.

Ni feiddiodd y ddau stopio—roedd pob saib yn peryglu cwymp angheuol.

They dared not stop—each pause risked a deadly collapse.

Un tro torrodd y sled drwodd, gan dynnu Dave a Buck i mewn.

One time the sled broke through, pulling Dave and Buck in.

Erbyn iddyn nhw gael eu llusgo'n rhydd, roedd y ddau bron wedi rhewi.

By the time they were dragged free, both were near frozen.

Cynhyrchodd y dynion dân yn gyflym i gadw Buck a Dave yn fyw.

The men built a fire quickly to keep Buck and Dave alive.

Roedd y cŵn wedi'u gorchuddio â iâ o'u trwyn i'w gynffon, mor stiff â phren cerfiedig.

The dogs were coated in ice from nose to tail, stiff as carved wood.

Rhedodd y dynion nhw mewn cylchoedd ger y tân i ddadmer eu cyrff.

The men ran them in circles near the fire to thaw their bodies.

Daethant mor agos at y fflamau nes i'w ffwr llosgi.

They came so close to the flames that their fur was singed.

Torrodd Spitz drwy'r iâ nesaf, gan lusgo'r tîm y tu ôl iddo.

Spitz broke through the ice next, dragging in the team behind him.

Cyrhaeddodd y toriad yr holl ffordd i fyny at ble roedd Buck yn tynnu.

The break reached all the way up to where Buck was pulling.

Pwysodd Buck yn ôl yn galed, ei bawennau'n llithro ac yn crynu ar yr ymyl.

Buck leaned back hard, paws slipping and trembling on the edge.

Straeniodd Dave yn ôl hefyd, ychydig y tu ôl i Buck ar y llinell.

Dave also strained backward, just behind Buck on the line.

Tynnodd François ar y sled, ei gyhyrau'n cracio gydag ymdrech.

François hauled on the sled, his muscles cracking with effort.

Tro arall, craciodd iâ ar yr ymyl o flaen ac y tu ôl i'r sled.

Another time, rim ice cracked before and behind the sled.

Doedd ganddyn nhw ddim ffordd allan heblaw dringo wal clogwyn wedi rhewi.

They had no way out except to climb a frozen cliff wall.

Rywsut fe ddringodd Perrault y wal; cadwodd gwyrth ef yn fyw.

Perrault somehow climbed the wall; a miracle kept him alive.

Arhosodd François isod, gan weddïo am yr un math o lwc.

François stayed below, praying for the same kind of luck.

Fe wnaethon nhw glymu pob strap, clymu, ac ôl yn un rhaff hir.

They tied every strap, lashing, and trace into one long rope.

Llusgodd y dynion bob ci i fyny, un ar y tro i'r copa.

The men hauled each dog up, one at a time to the top.

Dringodd François olaf, ar ôl y sled a'r llwyth cyfan.

François climbed last, after the sled and the entire load.

Yna dechreuodd chwiliad hir am lwybr i lawr o'r clogwyni.

Then began a long search for a path down from the cliffs.

Fe wnaethon nhw ddisgyn yn y diwedd gan ddefnyddio'r un rhaff yr oeddent wedi'i gwneud.

They finally descended using the same rope they had made.

Syrthiodd y nos wrth iddynt ddychwelyd i wely'r afon, wedi blino'n lân ac yn ddolurus.

Night fell as they returned to the riverbed, exhausted and sore.

Dim ond chwarter milltir o enillion yr oedd y diwrnod cyfan wedi'u hennill iddynt.

The full day had earned them only a quarter mile of gain.

Erbyn iddyn nhw gyrraedd yr Hootalinqua, roedd Buck wedi blino'n lân.

By the time they reached the Hootalinqua, Buck was worn out.

Dioddefodd y cŵn eraill yr un mor ddrwg o ganlyniad i amodau'r llwybr.

The other dogs suffered just as badly from the trail conditions.

Ond roedd angen i Perrault adennill amser, a'u gwthio ymlaen bob dydd.

But Perrault needed to recover time, and pushed them on each day.

Y diwrnod cyntaf fe deithiasant ddeg ar hugain milltir i Big Salmon.

The first day they traveled thirty miles to Big Salmon.

Y diwrnod canlynol teithion nhw bum milltir ar hugain i Little Salmon.

The next day they travelled thirty-five miles to Little Salmon.

Ar y trydydd diwrnod fe wthiasant trwy ddeugain milltir hir wedi rhewi.

On the third day they pushed through forty long frozen miles.

Erbyn hynny, roedden nhw'n agosáu at anheddiad Five Fingers.

By then, they were nearing the settlement of Five Fingers.

Roedd traed Buck yn feddalach na thraed caled yr huskïau brodorol.

Buck's feet were softer than the hard feet of native huskies.

Roedd ei bawennau wedi tyfu'n dyner dros lawer o genedlaethau gwaraidd.

His paws had grown tender over many civilized generations.

Amser maith yn ôl, roedd ei hynafiaid wedi cael eu dofi gan ddynion afonydd neu helwyr.

Long ago, his ancestors had been tamed by river men or hunters.

Bob dydd roedd Buck yn cloffi mewn poen, gan gerdded ar bawennau crai, dolurus.

Every day Buck limped in pain, walking on raw, aching paws.

Yn y gwersyll, syrthiodd Buck fel ffurf ddifywyd ar yr eira.

At camp, Buck dropped like a lifeless form upon the snow.

Er ei fod yn llwgu, ni chododd Buck i fwyta ei bryd nos.

Though starving, Buck did not rise to eat his evening meal.

Daeth François â'i ddogn i Buck, gan osod pysgod wrth ei drwyn.

François brought Buck his ration, laying fish by his muzzle.

Bob nos byddai'r gyrrwr yn rhwbio traed Buck am hanner awr.

Each night the driver rubbed Buck's feet for half an hour.

Roedd François hyd yn oed yn torri ei foccasinau ei hun i wneud esgidiau cŵn.

François even cut up his own moccasins to make dog footwear.

Rhoddodd pedwar esgid gynnes ryddhad mawr a chroesawgar i Buck.

Four warm shoes gave Buck a great and welcome relief.

Un bore, anghofiodd François yr esgidiau, a gwrthododd Buck godi.

One morning, François forgot the shoes, and Buck refused to rise.

Gorweddodd Buck ar ei gefn, ei draed yn yr awyr, yn eu chwifio'n druenus.

Buck lay on his back, feet in the air, waving them pitifully.

Gwenodd hyd yn oed Perrault wrth weld deisyfiad dramatig Buck.

Even Perrault grinned at the sight of Buck's dramatic plea.

Yn fuan caledodd traed Buck, a gellid taflu'r esgidiau.

Soon Buck's feet grew hard, and the shoes could be discarded.

Yn Pelly, yn ystod amser harnais, gollyngodd Dolly udo ofnadwy.

At Pelly, during harness time, Dolly let out a dreadful howl.

Roedd y crio yn hir ac yn llawn gwallgofrwydd, gan ysgwyd pob ci.

The cry was long and filled with madness, shaking every dog.

Roedd pob ci yn byrlymu mewn ofn heb wybod y rheswm.

Each dog bristled in fear without knowing the reason.

Roedd Dolly wedi mynd yn wallgof ac wedi taflu ei hun yn syth at Buck.

Dolly had gone mad and hurled herself straight at Buck.

Nid oedd Buck erioed wedi gweld gwallgofrwydd, ond roedd arswyd yn llenwi ei galon.

Buck had never seen madness, but horror filled his heart.

Heb unrhyw feddwl, trodd a ffodd mewn panig llwyr.

With no thought, he turned and fled in absolute panic.

Roedd Dolly yn ei erlid, ei llygaid yn wyllt, poer yn hedfan o'i genau.

Dolly chased him, her eyes wild, saliva flying from her jaws.

Cadwodd yn union y tu ôl i Buck, heb byth ennill a heb byth syrthio yn ôl.

She kept right behind Buck, never gaining and never falling back.

Rhedodd Buck drwy goedwigoedd, i lawr yr ynys, ar draws iâ garw.

Buck ran through woods, down the island, across jagged ice.

Croesodd i ynys, yna un arall, gan gylchu yn ôl at yr afon.

He crossed to an island, then another, circling back to the river.

Roedd Dolly yn dal i'w erlid, ei grwgnach yn agos y tu ôl iddi ar bob cam.

Still Dolly chased him, her growl close behind at every step.

Gallai Buck glywed ei hanadl a'i chynddaredd, er na feiddiodd edrych yn ôl.

Buck could hear her breath and rage, though he dared not look back.

Gwaeddodd François o bell, a throdd Buck tuag at y llais.

François shouted from afar, and Buck turned toward the voice.

Yn dal i anadlu'n galed, rhedodd Buck heibio, gan roi pob gobaith yn François.

Still gasping for air, Buck ran past, placing all hope in François.

Cododd y gyrrwr ci fwyell ac aros wrth i Buck hedfan heibio.

The dog-driver raised an axe and waited as Buck flew past.

Daeth y fwyell i lawr yn gyflym a tharo pen Dolly gyda grym angheuol.

The axe came down fast and struck Dolly's head with deadly force.

Cwympodd Buck ger y sled, yn gwichian ac yn methu symud.

Buck collapsed near the sled, wheezing and unable to move.

Rhoddodd y foment honno gyfle i Spitz daro gelyn blinedig.

That moment gave Spitz his chance to strike an exhausted foe.

Brathodd Buck ddwywaith, gan rwygo cnawd i lawr hyd at yr asgwrn gwyn.

Twice he bit Buck, ripping flesh down to the white bone.

Craciodd chwip François, gan daro Spitz â nerth llawn, cynddeiriog.

François's whip cracked, striking Spitz with full, furious force.

Gwyliodd Buck gyda llawenydd wrth i Spitz dderbyn ei guro mwyaf llym eto.

Buck watched with joy as Spitz received his harshest beating yet.

"Mae e'n ddiawl, y Spitz yna," sibrydodd Perrault yn dywyll wrtho'i hun.

"He's a devil, that Spitz," Perrault muttered darkly to himself.

"Rhyw ddiwrnod yn fuan, bydd y ci melltigedig hwnnw'n lladd Buck—dw i'n addo hynny."

"Someday soon, that cursed dog will kill Buck—I swear it."

"Mae gan y Buck yna ddau ddiawl ynddo," atebodd François gan nodio.

"That Buck has two devils in him," François replied with a nod.

"Pan fydda i'n gwylio Buck, dwi'n gwybod bod rhywbeth ffyrnig yn aros ynddo."

"When I watch Buck, I know something fierce waits in him."

"Rhyw ddiwrnod, bydd yn mynd yn wallgof fel tân ac yn rhwygo Spitz yn ddarnau."

"One day, he'll get mad as fire and tear Spitz to pieces."

"Bydd e'n cnoi'r ci yna i fyny ac yn ei boeri ar yr eira wedi rhewi."

"He'll chew that dog up and spit him on the frozen snow."

"Yn sicr fel unrhyw beth, rwy'n gwybod hyn yn ddwfn yn fy esgyrn."

"Sure as anything, I know this deep in my bones."

O'r foment honno ymlaen, roedd y ddau gi wedi'u clymu mewn rhyfel.

From that moment forward, the two dogs were locked in war.

Spitz oedd arweinydd y tîm ac yn dal y grym, ond heriodd Buck hynny.

Spitz led the team and held power, but Buck challenged that.

Gwelodd Spitz ei reng yn cael ei bygwth gan y dieithryn rhyfedd hwn o'r De.

Spitz saw his rank threatened by this odd Southland stranger.

Roedd Buck yn wahanol i unrhyw gi deheuol yr oedd Spitz wedi'i adnabod o'r blaen.

Buck was unlike any southern dog Spitz had known before.

Methodd y rhan fwyaf ohonyn nhw—rhy wan i oroesi trwy oerfel a newyn.

Most of them failed—too weak to live through cold and hunger.

Buont farw'n gyflym dan lafur, rhew, a llosgiad araf newyn.

They died fast under labor, frost, and the slow burn of famine.

Safodd Buck ar wahân—yn gryfach, yn ddoethach, ac yn fwy gwyllt bob dydd.

Buck stood apart—stronger, smarter, and more savage each day.

Ffynnodd ar galedi, gan dyfu i gyd-fynd â'r huskies gogleddol.

He thrived on hardship, growing to match the northern huskies.

Roedd gan Buck gryfder, sgil gwyllt, a greddf amyneddgar, farwol.

Buck had strength, wild skill, and a patient, deadly instinct.

Roedd y dyn gyda'r clwb wedi curo brysgrwydd allan o Buck.

The man with the club had beaten rashness out of Buck.

Roedd cynddaredd dall wedi diflannu, wedi'i ddisodli gan gyfrwystra tawel a rheolaeth.

Blind fury was gone, replaced by quiet cunning and control.

Arhosodd, yn dawel ac yn gyntefig, yn gwylio am yr eiliad iawn.

He waited, calm and primal, watching for the right moment.

Daeth eu brwydr am orchymyn yn anochel ac yn glir.

Their fight for command became unavoidable and clear.

Roedd Buck yn dymuno arweinyddiaeth oherwydd bod ei ysbryd yn mynnu hynny.

Buck desired leadership because his spirit demanded it.

Cafodd ei yrru gan y balchder rhyfedd a aned o lwybr a harnais.

He was driven by the strange pride born of trail and harness.

Roedd y balchder hwnnw'n gwneud i gŵn dynnu nes iddyn nhw gwympo ar yr eira.

That pride made dogs pull till they collapsed on the snow.

Roedd balchder yn eu denu i roi'r holl nerth oedd ganddyn nhw.

Pride lured them into giving all the strength they had.

Gall balchder ddenu ci sled hyd yn oed i'r pwynt o farwolaeth.

Pride can lure a sled-dog even to the point of death.

Gadawodd colli'r harnais gŵn wedi torri a heb bwrpas.

Losing the harness left dogs broken and without purpose.

Gall calon ci sled gael ei falu gan gywilydd pan fyddant yn ymddeol.

The heart of a sled-dog can be crushed by shame when they retire.

Roedd Dave yn byw yn ôl y balchder hwnnw wrth iddo lusgo'r sled o'r tu ôl.

Dave lived by that pride as he dragged the sled from behind.

Rhoddodd Solleks, hefyd, ei bopeth gyda chryfder a theyrngarwch llwm.

Solleks, too, gave his all with grim strength and loyalty.

Bob bore, byddai balchder yn eu troi o chwerw i benderfynol.

Each morning, pride turned them from bitter to determined.

Fe wnaethon nhw wthio drwy'r dydd, yna mynd yn dawel ar ben y gwersyll.

They pushed all day, then dropped silent at the camp's end.

Rhoddodd y balchder hwnnw'r nerth i Spitz guro'r rhai oedd yn osgoi talu'r gorau i'r llinell.

That pride gave Spitz the strength to beat shirkers into line.

Roedd Spitz yn ofni Buck oherwydd bod Buck yn cario'r un balchder dwfn hwnnw.

Spitz feared Buck because Buck carried that same deep pride.

Cyffroedd balchder Buck yn erbyn Spitz nawr, ac ni pheidiodd.

Buck's pride now stirred against Spitz, and he did not stop.

Heriodd Buck bŵer Spitz a'i rwystro rhag cosbi cŵn.

Buck defied Spitz's power and blocked him from punishing dogs.

Pan fethodd eraill, camodd Buck rhyngddynt a'u harweinydd.

When others failed, Buck stepped between them and their leader.

Gwnaeth hyn gyda bwriad, gan wneud ei her yn agored ac yn glir.

He did this with intent, making his challenge open and clear.

Un noson roedd eira trwm yn gorchuddio'r byd mewn distawrwydd dwfn.

On one night heavy snow blanketed the world in deep silence.

Y bore wedyn, ni chododd Pike, mor ddiog ag erioed, i fynd i weithio.

The next morning, Pike, lazy as ever, did not rise for work.

Arhosodd wedi'i guddio yn ei nyth o dan haen drwchus o eira.

He stayed hidden in his nest beneath a thick layer of snow.

Galwodd François allan a chwilio, ond methodd â dod o hyd i'r ci.

François called out and searched, but could not find the dog.

Cynddeiriogodd Spitz a rhuthrodd drwy'r gwersyll oedd wedi'i orchuddio ag eira.

Spitz grew furious and stormed through the snow-covered camp.

Grwgnachodd a sniffian, gan gloddio'n wallgof â llygaid llachar.

He growled and sniffed, digging madly with blazing eyes.

Roedd ei gynddaredd mor ffyrnig nes i Pike grynu o dan yr eira mewn ofn.

His rage was so fierce that Pike shook under the snow in fear.

Pan gafodd Pike ei ddarganfod o'r diwedd, rhuthrodd Spitz i gosbi'r ci oedd yn cuddio.

When Pike was finally found, Spitz lunged to punish the hiding dog.

Ond neidiodd Buck rhyngddynt â chynddaredd cyfartal â chynddaredd Spitz ei hun.

But Buck sprang between them with a fury equal to Spitz's own.

Roedd yr ymosodiad mor sydyn a chlyfar nes i Spitz syrthio oddi ar ei draed.

The attack was so sudden and clever that Spitz fell off his feet.

Cymerodd Pike, a oedd wedi bod yn crynu, ddewrder o'r herfeiddiad hwn.

Pike, who had been shaking, took courage from this defiance.

Neidiodd ar y Spitz a syrthiodd, gan ddilyn esiampl feiddgar Buck.

He leapt on the fallen Spitz, following Buck's bold example.

Ymunodd Buck, heb fod yn rhwym i degwch mwyach, â'r streic ar Spitz.

Buck, no longer bound by fairness, joined the strike on Spitz.

François, wedi'i ddiddanu ond yn gadarn ei ddisgyblaeth, siglodd ei chwipiad trwm.

François, amused yet firm in discipline, swung his heavy lash.

Trawodd Buck â'i holl nerth i dorri'r frwydr i fyny.

He struck Buck with all his strength to break up the fight.

Gwrthododd Buck symud ac arhosodd ar ben yr arweinydd a syrthiodd.

Buck refused to move and stayed atop the fallen leader.

Yna defnyddiodd François handlen y chwip, gan daro Buck yn galed.

François then used the whip's handle, hitting Buck hard.

Gan syfrdanu o'r ergyd, syrthiodd Buck yn ôl o dan yr ymosodiad.

Staggering from the blow, Buck fell back under the assault.

Tarodd François dro ar ôl tro tra bod Spitz yn cosbi Pike.

François struck again and again while Spitz punished Pike.

Aeth dyddiau heibio, a daeth Dinas Dawson yn agosach ac yn agosach.

Days passed, and Dawson City grew nearer and nearer.

Daliodd Buck i ymyrryd, gan lithro rhwng Spitz a chŵn eraill.

Buck kept interfering, slipping between Spitz and other dogs.

Dewisodd ei fomentiau'n ddoeth, gan aros bob amser i François adael.

He chose his moments well, always waiting for François to leave.

Lledaenodd gwrthryfel tawel Buck, a gwreiddiodd anhrefn yn y tîm.

Buck's quiet rebellion spread, and disorder took root in the team.

Arhosodd Dave a Solleks yn ffyddlon, ond daeth eraill yn afreolus.

Dave and Solleks stayed loyal, but others grew unruly.

Aeth y tîm yn waeth—yn aflonydd, yn ffraeo, ac allan o drefn.

The team grew worse—restless, quarrelsome, and out of line.

Doedd dim byd yn gweithio'n esmwyth mwyach, a daeth ymladd yn gyffredin.

Nothing worked smoothly anymore, and fights became common.

Arhosodd Buck yng nghanol y drafferth, gan ysgogi aflonyddwch bob amser.

Buck stayed at the heart of the trouble, always provoking unrest.

Arhosodd François yn effro, yn ofni'r frwydr rhwng Buck a Spitz.

François stayed alert, afraid of the fight between Buck and Spitz.

Bob nos, byddai ffraeo yn ei ddeffro, gan ofni bod y dechrau o'r diwedd wedi cyrraedd.

Each night, scuffles woke him, fearing the beginning finally arrived.

Neidiodd o'i wisg, yn barod i dorri'r frwydr i ben.

He leapt from his robe, ready to break up the fight.

Ond ni ddaeth yr eiliad, ac fe gyrhaeddon nhw Dawson o'r diwedd.

But the moment never came, and they reached Dawson at last.

Daeth y tîm i mewn i'r dref un prynhawn llwm, yn llawn tyndra ac yn dawel.

The team entered the town one bleak afternoon, tense and quiet.

Roedd y frwydr fawr am arweinyddiaeth yn dal i hongian yn yr awyr wedi rhewi.

The great battle for leadership still hung in the frozen air.

Roedd Dawson yn llawn dynion a chŵn sled, pob un yn brysur gyda gwaith.

Dawson was full of men and sled-dogs, all busy with work.

Gwyliodd Buck y cŵn yn tynnu llwythi o'r bore tan y nos.

Buck watched the dogs pull loads from morning until night.

Roedden nhw'n cludo boncyffion a choed tân, ac yn cludo cyflenwadau i'r mwyngloddiau.

They hauled logs and firewood, freighted supplies to the mines.

Lle roedd ceffylau ar un adeg yn gweithio yn y De, roedd cŵn bellach yn llafurio.

Where horses once worked in the Southland, dogs now labored.

Gwelodd Buck rai cŵn o'r De, ond roedd y rhan fwyaf yn husgïau tebyg i fleiddiaid.

Buck saw some dogs from the South, but most were wolf-like huskies.

Yn y nos, fel clocwaith, cododd y cŵn eu lleisiau mewn cân.

At night, like clockwork, the dogs raised their voices in song.

Am naw, am hanner nos, ac eto am dri, dechreuodd y canu.

At nine, at midnight, and again at three, the singing began.

Roedd Buck wrth ei fodd yn ymuno â'u siant brawychus, yn wyllt ac yn hynafol o ran sain.

Buck loved joining their eerie chant, wild and ancient in sound.

Fflamiodd yr awrora, dawnsiodd y sêr, ac roedd eira yn gorchuddio'r tir.

The aurora flamed, stars danced, and snow blanketed the land.

Cododd cân y cŵn fel cri yn erbyn distawrwydd ac oerfel chwerw.

The dogs' song rose as a cry against silence and bitter cold.

Ond roedd eu udo yn cynnwys tristwch, nid herfeiddiad, ym mhob nodyn hir.

But their howl held sorrow, not defiance, in every long note.

Roedd pob llefain yn llawn erfyn; baich bywyd ei hun.

Each wailing cry was full of pleading; the burden of life itself.

Roedd y gân honno'n hen—yn hŷn na threfi, ac yn hŷn na thanau

That song was old—older than towns, and older than fires

Roedd y gân honno'n hynafol hyd yn oed na lleisiau dynion.

That song was more ancient even than the voices of men.

Cân o'r byd ifanc ydoedd, pan oedd pob cân yn drist.

It was a song from the young world, when all songs were sad.

Roedd y gân yn cario tristwch gan genedlaethau di-rif o gŵn.

The song carried sorrow from countless generations of dogs.

Teimlodd Buck y alaw yn ddwfn, gan ochain o boen sydd â gwreiddiau yn yr oesoedd.

Buck felt the melody deeply, moaning from pain rooted in the ages.

Wynodd o alar mor hen â'r gwaed gwyllt yn ei wythiennau.

He sobbed from a grief as old as the wild blood in his veins.

Cyffyrddodd yr oerfel, y tywyllwch, a'r dirgelwch ag enaid Buck.

The cold, the dark, and the mystery touched Buck's soul.

Profodd y gân honno pa mor bell yr oedd Buck wedi dychwelyd at ei wreiddiau.

That song proved how far Buck had returned to his origins.

Drwy eira ac udo roedd wedi dod o hyd i ddechrau ei fywyd ei hun.

Through snow and howling he had found the start of his own life.

Saith diwrnod ar ôl cyrraedd Dawson, fe gychwynnon nhw unwaith eto.

Seven days after arriving in Dawson, they set off once again.

Gollyngodd y tîm o'r Barics i lawr i Lwybr Yukon.

The team dropped from the Barracks down to the Yukon Trail.

Dechreuon nhw'r daith yn ôl tuag at Dyea a Dŵr Halen.

They began the journey back toward Dyea and Salt Water.

Cludodd Perrault anfonebau hyd yn oed yn fwy brys nag o'r blaen.

Perrault carried dispatches even more urgent than before.

Cafodd ei gipio gan falchder llwybr hefyd a'i anelu at osod record.

He was also seized by trail pride and aimed to set a record.

Y tro hwn, roedd sawl mantais ar ochr Perrault.

This time, several advantages were on Perrault's side.

Roedd y cŵn wedi gorffwys am wythnos gyfan ac wedi adennill eu cryfder.

The dogs had rested for a full week and regained their strength.

Roedd y llwybr yr oeddent wedi'i dorri bellach wedi'i bacio'n galed gan eraill.

The trail they had broken was now hard-packed by others.

Mewn mannau, roedd yr heddlu wedi storio bwyd i gŵn a dynion fel ei gilydd.

In places, police had stored food for dogs and men alike.

Teithiodd Perrault yn ysgafn, gan symud yn gyflym heb fawr ddim i'w bwyso i lawr.

Perrault traveled light, moving fast with little to weigh him down.

Cyrhaeddon nhw Sixty-Mile, rhediad o bum deg milltir, erbyn y noson gyntaf.

They reached Sixty-Mile, a fifty-mile run, by the first night.

Ar yr ail ddiwrnod, fe wnaethon nhw ruthro i fyny afon Yukon tuag at Pelly.

On the second day, they rushed up the Yukon toward Pelly.

Ond daeth cynnydd mor dda â llawer o straen i François.

But such fine progress came with much strain for François.

Roedd gwrthryfel tawel Buck wedi chwalu disgyblaeth y tîm.

Buck's quiet rebellion had shattered the team's discipline.

Nid oeddent bellach yn tynnu at ei gilydd fel un bwystfil yn yr awenau.

They no longer pulled together like one beast in the reins.

Roedd Buck wedi arwain eraill i herfeiddiad trwy ei esiampl feiddgar.

Buck had led others into defiance through his bold example.

Ni chafodd gorchymyn Spitz ei gyfarfod â ofn na pharch mwyach.

Spitz's command was no longer met with fear or respect.

Collodd y lleill eu parch tuag ato a meiddiodd wrthsefyll ei reolaeth.

The others lost their awe of him and dared to resist his rule.

Un noson, lladratodd Pike hanner pysgodyn a'i fwyta o dan lygad Buck.

One night, Pike stole half a fish and ate it under Buck's eye.

Noson arall, ymladdodd Dub a Joe â Spitz ac aethant heb eu cosbi.

Another night, Dub and Joe fought Spitz and went unpunished.

Roedd hyd yn oed Billee yn cwyno'n llai melys a dangosodd finiogrwydd newydd.

Even Billee whined less sweetly and showed new sharpness.

Byddai Buck yn gwingo ar Spitz bob tro bydden nhw'n croesi llwybrau.

Buck snarled at Spitz every time they crossed paths.

Tyfodd agwedd Buck yn feiddgar ac yn fygythiol, bron fel bwli.

Buck's attitude grew bold and threatening, nearly like a bully.

Cerddodd o flaen Spitz gyda braw, yn llawn bygythiad gwatwarus.

He paced before Spitz with a swagger, full of mocking menace.

Lledaenodd y cwymp trefn hwnnw ymhlith y cŵn sled hefyd.

That collapse of order also spread among the sled-dogs.

Fe wnaethon nhw ymladd a dadlau mwy nag erioed, gan lenwi'r gwersyll â sŵn.

They fought and argued more than ever, filling camp with noise.

Trodd bywyd y gwersyll yn anhrefn gwyllt, udo bob nos.

Camp life turned into a wild, howling chaos each night.

Dim ond Dave a Solleks arhosodd yn gyson ac yn ffocws.

Only Dave and Solleks remained steady and focused.

Ond hyd yn oed nhw a ddaeth yn fyr eu tymer oherwydd yr ymladd cyson.

But even they became short-tempered from the constant brawls.

Melltithiodd François mewn ieithoedd dieithr a sathrodd mewn rhwystredigaeth.

François cursed in strange tongues and stomped in frustration.

Rhwygodd ei wallt a gweiddi tra bod eira'n hedfan dan draed.

He tore at his hair and shouted while snow flew underfoot.

Crynhaodd ei chwip ar draws y pecyn ond prin y cadwodd nhw yn y llinell.

His whip snapped across the pack but barely kept them in line.

Pryd bynnag y trodd ei gefn, byddai'r ymladd yn dechrau eto.

Whenever his back was turned, the fighting broke out again.

Defnyddiodd François y chwipiad i Spitz, tra bod Buck yn arwain y gwrthryfelwyr.

François used the lash for Spitz, while Buck led the rebels.

Roedd pob un yn gwybod rôl y llall, ond roedd Buck yn osgoi unrhyw fai.

Each knew the other's role, but Buck avoided any blame.

Ni ddaliodd François Buck erioed yn dechrau ymladd nac yn osgoi ei swydd.

François never caught Buck starting a fight or shirking his job.

Gweithiodd Buck yn galed mewn harnais—roedd y llafur bellach yn cyffroi ei ysbryd.

Buck worked hard in harness—the toil now thrilled his spirit.

Ond cafodd hyd yn oed mwy o lawenydd wrth ysgogi ymladd ac anhrefn yn y gwersyll.

But he found even more joy in stirring fights and chaos in camp.

Wrth geg y Tahkeena un noson, dychrynodd Dub gwningen.

At the Tahkeena's mouth one evening, Dub startled a rabbit.

Collodd y dalfa, a neidiodd y gwningen esgidiau eira i ffwrdd.

He missed the catch, and the snowshoe rabbit sprang away.

Mewn eiliadau, rhoddodd y tîm sled cyfan ar eu hôl gyda sgrechiadau gwyllt.

In seconds, the entire sled team gave chase with wild cries.

Gerllaw, roedd gwersyll Heddlu'r Gogledd-orllewin yn gartref i hanner cant o gŵn husky.

Nearby, a Northwest Police camp housed fifty husky dogs.

Ymunon nhw â'r helfa, gan lifo i lawr yr afon rewllyd gyda'i gilydd.

They joined the hunt, surging down the frozen river together.

Trodd y gwningen oddi ar yr afon, gan ffoi i fyny gwely nant wedi rhewi.

The rabbit turned off the river, fleeing up a frozen creek bed.

Neidiodd y gwningen yn ysgafn dros yr eira tra bod y cŵn yn ymdrechu drwodd.

The rabbit skipped lightly over snow while the dogs struggled through.

Arweiniodd Buck y criw enfawr o drigain o gŵn o amgylch pob tro troellog.

Buck led the massive pack of sixty dogs around each twisting bend.

Gwthiodd ymlaen, yn isel ac yn awyddus, ond ni allai ennill tir.

He pushed forward, low and eager, but could not gain ground.

Fflachiodd ei gorff o dan y lleuad welw gyda phob naid bwerus.

His body flashed under the pale moon with each powerful leap.

O'i flaen, symudodd y gwningen fel ysbryd, yn dawel ac yn rhy gyflym i'w dal.

Ahead, the rabbit moved like a ghost, silent and too fast to catch.

Rhuthrodd yr holl hen reddfau hynny—y newyn, y wefr—trwy Buck.

All those old instincts—the hunger, the thrill—rushed through Buck.

Mae bodau dynol yn teimlo'r reddf hon ar brydiau, wedi'u gyrru i hela gyda gwn a bwled.

Humans feel this instinct at times, driven to hunt with gun and bullet.

Ond roedd Buck yn teimlo'r teimlad hwn ar lefel ddyfnach a mwy personol.

But Buck felt this feeling on a deeper and more personal level.

Ni allent deimlo'r gwyllt yn eu gwaed fel y gallai Buck ei deimlo.

They could not feel the wild in their blood the way Buck could feel it.

Roedd yn erlid cig byw, yn barod i ladd â'i ddannedd a blasu gwaed.

He chased living meat, ready to kill with his teeth and taste blood.

Roedd ei gorff yn straenio gan lawenydd, eisiau ymdrochi mewn bywyd coch cynnes.

His body strained with joy, wanting to bathe in warm red life.

Mae llawenydd rhyfedd yn nodi'r pwynt uchaf y gall bywyd ei gyrraedd erioed.

A strange joy marks the highest point life can ever reach.

Y teimlad o uchafbwynt lle mae'r byw yn anghofio eu bod nhw hyd yn oed yn fyw.

The feeling of a peak where the living forget they are even alive.

Mae'r llawenydd dwfn hwn yn cyffwrdd â'r artist sydd ar goll mewn ysbrydoliaeth danbaid.

This deep joy touches the artist lost in blazing inspiration.

Mae'r llawenydd hwn yn gafael yn y milwr sy'n ymladd yn wyllt ac nad yw'n arbed unrhyw elyn.

This joy seizes the soldier who fights wildly and spares no foe.

Hawliodd y llawenydd hwn Buck nawr wrth iddo arwain y pecyn mewn newyn cyntefig.

This joy now claimed Buck as he led the pack in primal hunger.

Udodd gyda chri'r blaidd hynafol, wedi'i gyffroi gan yr helfa fyw.

He howled with the ancient wolf-cry, thrilled by the living chase.

Tapiodd Buck i mewn i'r rhan hynaf ohono'i hun, ar goll yn y gwyllt.

Buck tapped into the oldest part of himself, lost in the wild.

Cyrhaeddodd yn ddwfn i'w fewn, atgofion y gorffennol, i amser crai, hynafol.

He reached deep within, past memory, into raw, ancient time.

Llifodd ton o fywyd pur trwy bob cyhyr a thendon.

A wave of pure life surged through every muscle and tendon.

Gwaeddodd pob naid ei fod wedi byw, ei fod wedi symud trwy farwolaeth.

Each leap shouted that he lived, that he moved through death.

Hedfanodd ei gorff yn llawen dros dir llonydd, oer nad oedd byth yn symud.

His body soared joyfully over still, cold land that never stirred.

Arhosodd Spitz yn oer ac yn gyfrwys, hyd yn oed yn ei eiliadau mwyaf gwyllt.

Spitz stayed cold and cunning, even in his wildest moments.

Gadawodd y llwybr a chroesi tir lle'r oedd y nant yn troi'n llydan.

He left the trail and crossed land where the creek curved wide.

Arhosodd Buck, heb fod yn ymwybodol o hyn, ar lwybr troellog y gwningen.

Buck, unaware of this, stayed on the rabbit's winding path.

Yna, wrth i Buck droi tro, roedd y gwningen debyg i ysbryd o'i flaen.

Then, as Buck rounded a bend, the ghost-like rabbit was before him.

Gwelodd ail ffigur yn neidio o'r lan o flaen yr ysglyfaeth.

He saw a second figure leap from the bank ahead of the prey.

Spitz oedd y ffigur, yn glanio yn union yn llwybr y gwningen oedd yn ffoi.

The figure was Spitz, landing right in the path of the fleeing rabbit.

Ni allai'r gwningen droi a chyfarfu â genau Spitz yng nghanol yr awyr.

The rabbit could not turn and met Spitz's jaws in mid-air.

Torrodd asgwrn cefn y gwningen gyda sgrech mor finiog â chri bod dynol yn marw.

The rabbit's spine broke with a shriek as sharp as a dying human's cry.

Wrth y sŵn hwnnw—y cwymp o fywyd i farwolaeth—udodd y pecyn yn uchel.

At that sound—the fall from life to death—the pack howled loud.

Cododd côr gwyllt o y tu ôl i Buck, yn llawn hyfrydwch tywyll.

A savage chorus rose from behind Buck, full of dark delight.

Ni roddodd Buck unrhyw waedd, dim sain, a rhuthrodd yn syth i Spitz.

Buck gave no cry, no sound, and charged straight into Spitz.

Anelodd at y gwddf, ond trawodd yr ysgwydd yn lle hynny.

He aimed for the throat, but struck the shoulder instead.

Fe syrthiasant drwy eira meddal; eu cyrff wedi'u cloi mewn brwydr.

They tumbled through soft snow; their bodies locked in combat.

Neidiodd Spitz i fyny'n gyflym, fel pe na bai erioed wedi'i daro i lawr o gwbl.

Spitz sprang up quickly, as if never knocked down at all.

Torrodd ysgwydd Buck, yna neidiodd i ffwrdd o'r frwydr.

He slashed Buck's shoulder, then leaped clear of the fight.

Ddwywaith torrodd ei ddannedd fel trapiau dur, ei wefusau'n cyrliog ac yn ffyrnig.

Twice his teeth snapped like steel traps, lips curled and fierce.

Ciliodd yn araf, gan chwilio am dir cadarn dan ei draed.

He backed away slowly, seeking firm ground under his feet.

Deallodd Buck y foment ar unwaith ac yn llwyr.

Buck understood the moment instantly and fully.

Roedd yr amser wedi dod; roedd yr ymladd yn mynd i fod yn ymladd hyd at farwolaeth.

The time had come; the fight was going to be a fight to the death.

Cylchodd y ddau gi, yn grwgnach, clustiau'n fflat, llygaid wedi'u culhau.

The two dogs circled, growling, ears flat, eyes narrowed.

Roedd pob ci yn aros i'r llall ddangos gwendid neu gamgymeriad.

Each dog waited for the other to show weakness or misstep.

I Buck, roedd yr olygfa'n teimlo'n adnabyddus yn rhyfeddol ac yn cael ei chofio'n ddwfn.

To Buck, the scene felt eerily known and deeply remembered.

Y coed gwyn, y ddaear oer, y frwydr dan y lleuad.

The white woods, the cold earth, the battle under moonlight.

Llenwodd distawrwydd trwm y tir, yn ddwfn ac yn annaturiol.

A heavy silence filled the land, deep and unnatural.

Ni chyffroodd gwynt, ni symudodd dail, ni thorrodd sŵn y llonyddwch.

No wind stirred, no leaf moved, no sound broke the stillness.

Cododd anadliadau'r cŵn fel mwg yn yr awyr rewedig, dawel.

The dogs' breaths rose like smoke in the frozen, quiet air.

Anghofiwyd y gwningen ers tro gan y haid o anifeiliaid gwyllt.

The rabbit was long forgotten by the pack of wild beasts.

Roedd y bleiddiaid hanner-dof hyn bellach yn sefyll yn llonydd mewn cylch eang.

These half-tamed wolves now stood still in a wide circle.

Roedden nhw'n dawel, dim ond eu llygaid disglair a ddatgelodd eu newyn.

They were quiet, only their glowing eyes revealed their hunger.

Drifftiodd eu hanadl i fyny, gan wylio'r frwydr olaf yn dechrau.

Their breath drifted upward, watching the final fight begin.

I Buck, roedd y frwydr hon yn hen ac yn ddisgwyliedig, ddim yn rhyfedd o gwbl.

To Buck, this battle was old and expected, not strange at all.

Roedd yn teimlo fel atgof o rywbeth a oedd i fod i ddigwydd erioed.

It felt like a memory of something always meant to happen.

Ci ymladd hyfforddedig oedd Spitz, wedi'i hogi gan ymladdfeydd gwyllt dirifedi.

Spitz was a trained fighting dog, honed by countless wild brawls.

O Spitzbergen i Ganada, roedd wedi gorchfygu llawer o elynion.

From Spitzbergen to Canada, he had mastered many foes.

Roedd yn llawn cynddaredd, ond ni roddodd reolaeth erioed i'w gynddaredd.

He was filled with fury, but never gave control to rage.

Roedd ei angerdd yn finiog, ond bob amser wedi'i dymheru gan reddf galed.

His passion was sharp, but always tempered by hard instinct.

Ni ymosododd erioed nes bod ei amddiffyniad ei hun yn ei le.

He never attacked until his own defense was in place.

Ceisiodd Buck dro ar ôl tro gyrraedd gwddf bregus Spitz.

Buck tried again and again to reach Spitz's vulnerable neck.

Ond cafodd pob ergyd ei hatal gan ddannedd miniog Spitz.

But every strike was met by a slash from Spitz's sharp teeth.

Gwrthdarodd eu dannedd, a gwaedodd y ddau gi o wefusau wedi'u rhwygo.

Their fangs clashed, and both dogs bled from torn lips.

Ni waeth faint y rhuthrodd Buck, ni allai dorri'r amddiffyniad.

No matter how Buck lunged, he couldn't break the defense.

Tyfodd yn fwy cynddeiriog, gan ruthro i mewn gyda ffrwydradau gwyllt o rym.

He grew more furious, rushing in with wild bursts of power.

Dro ar ôl tro, trawodd Buck am wddf gwyn Spitz.

Again and again, Buck struck for the white throat of Spitz.

Bob tro roedd Spitz yn osgoi ac yn taro'n ôl gyda brathiad sleisio.

Each time Spitz evaded and struck back with a slicing bite.

Yna newidiodd Buck ei dactegau, gan ruthro fel pe bai am y gwddf eto.

Then Buck shifted tactics, rushing as if for the throat again.

Ond fe dynnodd yn ôl yng nghanol ymosodiad, gan droi i ymosod o'r ochr.

But he pulled back mid-attack, turning to strike from the side.

Taflodd ei ysgwydd i Spitz, gan anelu at ei daro i lawr.

He threw his shoulder into Spitz, aiming to knock him down.

Bob tro y ceisiodd, byddai Spitz yn osgoi ac yn gwrthweithio gyda slaes.

Each time he tried, Spitz dodged and countered with a slash.

Aeth ysgwydd Buck yn amrwd wrth i Spitz neidio'n glir ar ôl pob ergyd.

Buck's shoulder grew raw as Spitz leapt clear after every hit.

Nid oedd Spitz wedi cael ei gyffwrdd, tra bod Buck yn gwaedu o lawer o glwyfau.

Spitz had not been touched, while Buck bled from many wounds.

Daeth anadl Buck yn gyflym ac yn drwm, ei gorff yn llithrig â gwaed.

Buck's breath came fast and heavy, his body slick with blood.

Trodd yr ymladd yn fwy creulon gyda phob brathiad a gwefr.

The fight turned more brutal with each bite and charge.

O'u cwmpas, roedd chwe deg o gŵn tawel yn aros i'r cyntaf syrthio.

Around them, sixty silent dogs waited for the first to fall.

Pe bai un ci yn cwympo, byddai'r heid yn gorffen yr ymladd.

If one dog dropped, the pack were going to finish the fight.

Gwelodd Spitz Buck yn gwanhau, a dechreuodd bwyso ar yr ymosodiad.

Spitz saw Buck weakening, and began to press the attack.

Cadwodd Buck allan o gydbwysedd, gan ei orfodi i ymladd am ei droedle.

He kept Buck off balance, forcing him to fight for footing.

Unwaith, baglodd Buck a syrthiodd, a chododd yr holl gŵn i fyny.

Once Buck stumbled and fell, and all the dogs rose up.

Ond unionodd Buck ei hun yng nghanol y cwymp, a suddodd pawb yn ôl i lawr.

But Buck righted himself mid-fall, and everyone sank back down.

Roedd gan Buck rywbeth prin—dychymyg wedi'i eni o reddf ddofn.

Buck had something rare—imagination born from deep instinct.

Ymladdodd trwy ysgogiad naturiol, ond ymladdodd hefyd â chyfrwystra.

He fought by natural drive, but he also fought with cunning.

Ymosododd eto fel pe bai'n ailadrodd ei dric ymosod ar ei ysgwydd.

He charged again as if repeating his shoulder attack trick.

Ond ar yr eiliad olaf, gostyngodd yn isel a sgubo o dan Spitz.

But at the last second, he dropped low and swept beneath Spitz.

Clodd ei ddannedd ar goes chwith flaen Spitz gyda chlec.

His teeth locked on Spitz's front left leg with a snap.

Safodd Spitz yn ansicr nawr, ei bwysau ar dair coes yn unig.

Spitz now stood unsteady, his weight on only three legs.

Tarodd Buck eto, a cheisiodd dair gwaith ei daflu i lawr.

Buck struck again, tried three times to bring him down.

Ar y bedwaredd ymgais defnyddiodd yr un symudiad yn llwyddiannus.

On the fourth attempt he used the same move with success

Y tro hwn llwyddodd Buck i frathu coes dde Spitz.

This time Buck managed to bite the right leg of Spitz.

Er ei fod yn anabl ac mewn poen ofnadwy, parhaodd Spitz i frwydro i oroesi.

Spitz, though crippled and in agony, kept struggling to survive.

Gwelodd gylch yr hysgi yn tynhau, eu tafodau allan, eu llygaid yn tywynnu.

He saw the circle of huskies tighten, tongues out, eyes glowing.

Fe wnaethon nhw aros i'w ddifa, yn union fel yr oedden nhw wedi'i wneud i eraill.

They waited to devour him, just as they had done to others.

Y tro hwn, safodd yn y canol; wedi'i drechu a'i dynghedu.

This time, he stood in the center; defeated and doomed.

Doedd dim opsiwn i'r ci gwyn ddianc nawr.

There was no option to escape for the white dog now.

Ni ddangosodd Buck unrhyw drugaredd, oherwydd nid oedd trugaredd yn perthyn i'r gwyllt.

Buck showed no mercy, for mercy did not belong in the wild.

Symudodd Buck yn ofalus, gan baratoi ar gyfer yr ymosodiad olaf.

Buck moved carefully, setting up for the final charge.

Caeodd cylch y cŵn husg i mewn; teimlodd eu hanadl gynnes.

The circle of huskies closed in; he felt their warm breaths.

Plygasant yn isel, yn barod i neidio pan ddeuai'r foment.

They crouched low, prepared to spring when the moment came.

Crynodd Spitz yn yr eira, gan grwgnach a newid ei ystum.

Spitz quivered in the snow, snarling and shifting his stance.

Roedd ei lygaid yn disgleirio, ei wefusau'n cyrlio, ei ddannedd yn fflachio mewn bygythiad anobeithiol.

His eyes glared, lips curled, teeth flashing in desperate threat.

Stagiodd, yn dal i geisio atal brathiad oer marwolaeth.

He staggered, still trying to hold off the cold bite of death.

Roedd wedi gweld hyn o'r blaen, ond bob amser o'r ochr fuddugol.

He had seen this before, but always from the winning side.

Nawr roedd ar yr ochr goll; y trechedig; yr ysglyfaeth; marwolaeth.

Now he was on the losing side; the defeated; the prey; death.

Cylchodd Buck am yr ergyd olaf, a gwasgodd y cylch o gŵn yn nes.

Buck circled for the final blow, the ring of dogs pressed closer.

Gallai deimlo eu hanadl boeth; yn barod i'w lladd.

He could feel their hot breaths; ready for the kill.

Daeth llonyddwch; roedd popeth yn ei le; roedd amser wedi stopio.

A stillness fell; all was in its place; time had stopped.

Rhewodd hyd yn oed yr aer oer rhyngddynt am un eiliad olaf.

Even the cold air between them froze for one last moment.

Dim ond Spitz a symudodd, gan geisio atal ei ddiwedd chwerw.

Only Spitz moved, trying to hold off his bitter end.

Roedd cylch y cŵn yn cau o'i gwmpas, fel yr oedd ei dynged.

The circle of dogs was closing in around him, as was his destiny.

Roedd mewn anobaith nawr, gan wybod beth oedd ar fin digwydd.

He was desperate now, knowing what was about to happen.

Neidiodd Buck i mewn, ysgwydd wrth ysgwydd am y tro olaf.

Buck sprang in, shoulder met shoulder one last time.

Rhuthrodd y cŵn ymlaen, gan orchuddio Spitz yn y tywyllwch eiraog.

The dogs surged forward, covering Spitz in the snowy dark.

Gwyliodd Buck, yn sefyll yn dal; y buddugwr mewn byd gwyllt.

Buck watched, standing tall; the victor in a savage world.

Roedd y bwystfil cyntefig dominyddol wedi gwneud ei laddfa, ac roedd yn dda.

The dominant primordial beast had made its kill, and it was good.

Efe, yr hwn sydd wedi ennill i feistrolaeth
He, Who Has Won to Mastership

"E? Beth ddywedais i? Rwy'n dweud y gwir pan ddywedaf fod Buck yn ddiawl."

"Eh? What did I say? I speak true when I say Buck is a devil."

Dywedodd François hyn y bore canlynol ar ôl canfod Spitz ar goll.

François said this the next morning after finding Spitz missing.

Safodd Buck yno, wedi'i orchuddio â chlwyfau o'r frwydr greulon.

Buck stood there, covered with wounds from the vicious fight.

Tynnodd François Buck yn agos at y tân a phwyntio at yr anafiadau.

François pulled Buck near the fire and pointed at the injuries.

"Ymladdodd y Spitz yna fel y Devik," meddai Perrault, gan syllu ar y clwyfau dwfn.

"That Spitz fought like the Devik," said Perrault, eyeing the deep gashes.

"Ac ymladdodd Buck fel dau ddiawl," atebodd François ar unwaith.

"And that Buck fought like two devils," François replied at once.

"Nawr byddwn ni'n gwneud amser da; dim mwy o Spitz, dim mwy o drafferth."

"Now we will make good time; no more Spitz, no more trouble."

Roedd Perrault yn pacio'r offer ac yn llwytho'r sled yn ofalus.

Perrault was packing the gear and loaded the sled with care.

Harneisiodd François y cŵn i baratoi ar gyfer rhediad y dydd.

François harnessed the dogs in preparation for the day's run.

Trotiodd Buck yn syth i'r safle blaenllaw a oedd unwaith yn nwylo Spitz.

Buck trotted straight to the lead position once held by Spitz.

Ond François, heb sylwi, arweiniodd Solleks ymlaen i'r blaen.

But François, not noticing, led Solleks forward to the front.

Ym marn François, Solleks oedd y ci arweiniol gorau bellach.

In François's judgment, Solleks was now the best lead-dog.

Neidiodd Buck at Solleks mewn cynddaredd a'i yrru'n ôl mewn protest.

Buck sprang at Solleks in fury and drove him back in protest.

Safodd lle roedd Spitz wedi sefyll ar un adeg, gan hawlio'r safle blaenllaw.

He stood where Spitz once had stood, claiming the lead position.

"E? E?" gwaeddodd François, gan slapio'i gluniau mewn difyrrwch.

"Eh? Eh?" cried François, slapping his thighs in amusement.

"Edrychwch ar Buck—lladdodd Spitz, nawr mae eisiau cymryd y swydd!"

"Look at Buck—he killed Spitz, now he wants to take the job!"

"Dos i ffwrdd, Chook!" gwaeddodd, gan geisio gyrru Buck i ffwrdd.

"Go away, Chook!" he shouted, trying to drive Buck away.

Ond gwrthododd Buck symud a safodd yn gadarn yn yr eira.

But Buck refused to move and stood firm in the snow.

Gafaelodd François yn ei ysgwydd Buck, gan ei lusgo i'r ochr.

François grabbed Buck by the scruff, dragging him aside.

Grwgnachodd Buck yn isel ac yn fygythiol ond ni ymosododd.

Buck growled low and threateningly but did not attack.

Rhoddodd François Solleks yn ôl ar y blaen, gan geisio datrys yr anghydfod.

François put Solleks back in the lead, trying to settle the dispute

Dangosodd yr hen gi ofn Buck ac nid oedd am aros.

The old dog showed fear of Buck and didn't want to stay.

Pan drodd François ei gefn, gyrrodd Buck Solleks allan eto.

When François turned his back, Buck drove Solleks out again.

Ni wrthwynebodd Solleks a chamodd o'r neilltu'n dawel unwaith eto.

Solleks did not resist and quietly stepped aside once more.

Daeth François yn flin a gweiddi, "Wrth Dduw, dw i'n dy drwsio di!"

François grew angry and shouted, "By God, I fix you!"

Daeth tuag at Buck gan ddal clwb trwm yn ei law.

He came toward Buck holding a heavy club in his hand.

Roedd Buck yn cofio'r dyn yn y siwmper goch yn dda.

Buck remembered the man in the red sweater well.

Ciliodd yn araf, gan gwylio François, ond yn grwgnach yn ddwfn.

He retreated slowly, watching François, but growling deeply.

Ni frysiodd yn ôl, hyd yn oed pan safodd Solleks yn ei le.

He did not rush back, even when Solleks stood in his place.

Cylchodd Buck ychydig y tu hwnt i gyrraedd, gan gwingo mewn cynddaredd a phrotest.

Buck circled just beyond reach, snarling in fury and protest.

Cadwodd ei lygaid ar y clwb, yn barod i osgoi pe bai François yn taflu.

He kept his eyes on the club, ready to dodge if François threw.

Roedd wedi tyfu'n ddoeth ac yn wyliadwrus yn ffyrdd dynion ag arfau.

He had grown wise and wary in the ways of men with weapons.

Rhoddodd François y gorau iddi a galwodd Buck i'w hen le eto.

François gave up and called Buck to his former place again.

Ond camodd Buck yn ôl yn ofalus, gan wrthod ufuddhau i'r gorchymyn.

But Buck stepped back cautiously, refusing to obey the order.

Dilynodd François, ond dim ond ychydig gamau pellach a giliai Buck.

François followed, but Buck only retreated a few steps more.

Ar ôl peth amser, taflodd François yr arf i lawr mewn rhwystredigaeth.

After some time, François threw the weapon down in frustration.

Roedd yn meddwl bod Buck yn ofni cael ei guro ac roedd yn mynd i ddod yn dawel.

He thought Buck feared a beating and was going to come quietly.

Ond nid oedd Buck yn osgoi cosb—roedd yn ymladd am reng.

But Buck wasn't avoiding punishment—he was fighting for rank.

Roedd wedi ennill y lle fel ci arweiniol trwy ymladd hyd farwolaeth

He had earned the lead-dog spot through a fight to the death

nid oedd yn mynd i setlo am unrhyw beth llai na bod yn arweinydd.

he was not going to settle for anything less than being the leader.

Cymerodd Perrault ran yn yr helfa i helpu i ddal y Buck gwrthryfelgar.

Perrault took a hand in the chase to help catch the rebellious Buck.

Gyda'i gilydd, fe'i rhedegon nhw o amgylch y gwersyll am bron i awr.

Together, they ran him around the camp for nearly an hour.

Fe wnaethon nhw daflu clybiau ato, ond osgoiodd Buck bob un yn fedrus.

They hurled clubs at him, but Buck dodged each one skillfully.

Melltithiasant ef, ei hynafiaid, ei ddisgynyddion, a phob gwallt arno.

They cursed him, his ancestors, his descendants, and every hair on him.

Ond dim ond gwingo'n ôl a wnaeth Buck ac arhosodd ychydig allan o'u cyrraedd.

But Buck only snarled back and stayed just out of their reach.

Ni cheisiodd byth redeg i ffwrdd ond cylchodd y gwersyll yn fwriadol.

He never tried to run away but circled the camp deliberately.

Gwnaeth yn glir ei fod yn mynd i ufuddhau unwaith y byddent yn rhoi iddo yr hyn yr oedd ei eisiau.

He made it clear he was going to obey once they gave him what he wanted.

O'r diwedd, eisteddodd François i lawr a chrafu ei ben mewn rhwystredigaeth.

François finally sat down and scratched his head in frustration.

Edrychodd Perrault ar ei oriawr, rhegodd, a sibrydodd am amser coll.

Perrault checked his watch, swore, and muttered about lost time.

Roedd awr eisoes wedi mynd heibio pan ddylent fod wedi bod ar y llwybr.

An hour had already passed when they should have been on the trail.

Cododd François ei ysgwyddau'n swil at y negesydd, a ochneidiodd mewn trechu.

François shrugged sheepishly at the courier, who sighed in defeat.

Yna cerddodd François at Solleks a galwodd ar Buck unwaith eto.

Then François walked to Solleks and called out to Buck once more.

Chwarddodd Buck fel chwerthin ci, ond cadwodd ei bellter gofalus.

Buck laughed like a dog laughs, but kept his cautious distance.

Tynnodd François harnais Solleks a'i ddychwelyd i'w fan.

François removed Solleks's harness and returned him to his spot.

Roedd tîm y slediau yn sefyll wedi'u harneisio'n llawn, gyda dim ond un lle gwag.

The sled team stood fully harnessed, with only one spot unfilled.

Arhosodd y safle arweiniol yn wag, yn amlwg wedi'i fwriadu ar gyfer Buck yn unig.

The lead position remained empty, clearly meant for Buck alone.

Galwodd François eto, ac unwaith eto chwarddodd Buck a dal ei dir.

François called again, and again Buck laughed and held his ground.

"Taflwch y clwb i lawr," gorchmynnodd Perrault heb betruso.

"Throw down the club," Perrault ordered without hesitation.

Ufuddhaodd François, a throtiodd Buck ymlaen yn falch ar unwaith.

François obeyed, and Buck immediately trotted forward proudly.

Chwarddodd yn fuddugoliaethus a chamodd i'r safle arwain.

He laughed triumphantly and stepped into the lead position.

Sicrhaodd François ei olion, a thorrwyd y sled yn rhydd.

François secured his traces, and the sled was broken loose.

Rhedodd y ddau ddyn ochr yn ochr wrth i'r tîm rasio ar lwybr yr afon.

Both men ran alongside as the team raced onto the river trail.

Roedd gan François feddwl uchel o "ddau ddiawl" Buck,

François had thought highly of Buck's "two devils,"

ond sylweddolodd yn fuan ei fod wedi tanamcangyfrif y ci mewn gwirionedd.

but he soon realized he had actually underestimated the dog.

Cymerodd Buck arweinyddiaeth yn gyflym a pherfformiodd gyda rhagoriaeth.

Buck quickly assumed leadership and performed with excellence.

Mewn barn, meddwl cyflym, a gweithredu cyflym, rhagorodd Buck ar Spitz.

In judgment, quick thinking, and fast action, Buck surpassed Spitz.

Nid oedd François erioed wedi gweld ci cystal â'r hyn a ddangosai Buck nawr.

François had never seen a dog equal to what Buck now displayed.

Ond roedd Buck yn rhagori'n wirioneddol wrth orfodi trefn a hawlio parch.

But Buck truly excelled in enforcing order and commanding respect.

Derbyniodd Dave a Solleks y newid heb bryder na phrotest.

Dave and Solleks accepted the change without concern or protest.

Dim ond ar waith a thynnu'n galed yn yr awenau yr oeddent yn canolbwyntio.

They focused only on work and pulling hard in the reins.

Doedden nhw ddim yn malio llawer pwy oedd yn arwain, cyn belled â bod y sled yn parhau i symud.

They cared little who led, so long as the sled kept moving.

Gallai Billee, yr un llawen, fod wedi arwain er gwaethaf yr hyn a oedd o bwys iddyn nhw.

Billee, the cheerful one, could have led for all they cared.

Yr hyn oedd yn bwysig iddyn nhw oedd heddwch a threfn yn y rhengoedd.

What mattered to them was peace and order in the ranks.

Roedd gweddill y tîm wedi tyfu'n afreolus yn ystod dirywiad Spitz.

The rest of the team had grown unruly during Spitz's decline.

Cawsant sioc pan ddaeth Buck â nhw i drefn ar unwaith.

They were shocked when Buck immediately brought them to order.

Roedd Pike wedi bod yn ddiog erioed ac yn llusgo'i draed ar ôl Buck.

Pike had always been lazy and dragging his feet behind Buck.

Ond nawr cafodd ei ddisgyblu'n llym gan yr arweinyddiaeth newydd.

But now was sharply disciplined by the new leadership.

Ac fe ddysgodd yn gyflym i dynnu ei bwysau yn y tîm.

And he quickly learned to pull his weight in the team.

Erbyn diwedd y dydd, roedd Pike wedi gweithio'n galetach nag erioed o'r blaen.

By the end of the day, Pike worked harder than ever before.

Y noson honno yn y gwersyll, cafodd Joe, y ci sur, ei dawelu o'r diwedd.

That night in camp, Joe, the sour dog, was finally subdued.

Roedd Spitz wedi methu â'i ddisgyblu, ond ni fethodd Buck.

Spitz had failed to discipline him, but Buck did not fail.

Gan ddefnyddio ei bwysau mwy, gorchfygodd Buck Joe mewn eiliadau.

Using his greater weight, Buck overwhelmed Joe in seconds.

Brathodd a churo Joe nes iddo griddfan a rhoi'r gorau i wrthsefyll.

He bit and battered Joe until he whimpered and ceased resisting.

Gwellodd y tîm cyfan o'r foment honno ymlaen.

The whole team improved from that moment on.

Adferodd y cŵn eu hen undod a'u disgyblaeth.

The dogs regained their old unity and discipline.

Yn Rink Rapids, ymunodd dau huski brodorol newydd, Teek a Koona.

At Rink Rapids, two new native huskies, Teek and Koona, joined.

Synnodd hyfforddiant cyflym Buck ohonyn nhw hyd yn oed François.

Buck's swift training of them astonished even François.

"Ni fu erioed gi fel y Bwch yna!" gwaeddodd mewn syndod.

"Never was there such a dog as that Buck!" he cried in amazement.

"Na, byth! Mae o werth mil o ddoleri, wrth Dduw!"

"No, never! He's worth one thousand dollars, by God!"

"E? Beth wyt ti'n ei ddweud, Perrault?" gofynnodd gyda balchder.

"Eh? What do you say, Perrault?" he asked with pride.

Nodiodd Perrault mewn cytundeb a gwiriodd ei nodiadau.

Perrault nodded in agreement and checked his notes.

Rydym eisoes ar y blaen i'r amserlen ac yn ennill mwy bob dydd.

We're already ahead of schedule and gaining more each day.

Roedd y llwybr yn galed ac yn llyfn, heb unrhyw eira ffres.

The trail was hard-packed and smooth, with no fresh snow.

Roedd yr oerfel yn gyson, yn hofran ar hanner cant islaw sero drwyddo draw.

The cold was steady, hovering at fifty below zero throughout.

Roedd y dynion yn marchogaeth ac yn rhedeg yn eu tro i gadw'n gynnes a gwneud amser.

The men rode and ran in turns to keep warm and make time.

Rhedodd y cŵn yn gyflym heb fawr o stopiau, gan wthio ymlaen bob amser.

The dogs ran fast with few stops, always pushing forward.

Roedd Afon Thirty Mile wedi rhewi i raddau helaeth ac yn hawdd teithio ar ei chroesi.

The Thirty Mile River was mostly frozen and easy to travel across.

Aethant allan mewn un diwrnod yr hyn a gymerodd ddeng diwrnod i ddod i mewn.

They went out in one day what had taken ten days coming in.

Gwnaethon nhw ras o chwe deg milltir o Lyn Le Barge i White Horse.

They made a sixty-mile dash from Lake Le Barge to White Horse.

Ar draws Llynnoedd Marsh, Tagish, a Bennett fe symudon nhw'n anhygoel o gyflym.

Across Marsh, Tagish, and Bennett Lakes they moved incredibly fast.

Roedd y dyn rhedeg yn tynnu y tu ôl i'r sled ar raff.

The running man towed behind the sled on a rope.

Ar noson olaf wythnos dau fe gyrhaeddon nhw eu cyrchfan.

On the last night of week two they got to their destination.

Roedden nhw wedi cyrraedd copa Bwlch Gwyn gyda'i gilydd.

They had reached the top of White Pass together.

Fe wnaethon nhw ddisgyn i lawr i lefel y môr gyda goleuadau Skaguay oddi tanyn nhw.

They dropped down to sea level with Skaguay's lights below them.

Roedd wedi bod yn rhediad a dorrodd record ar draws milltiroedd o anialwch oer.

It had been a record-setting run across miles of cold wilderness.

Am bedwar diwrnod ar ddeg yn olynol, fe wnaethon nhw gyfartaledd o ddeugain milltir.

For fourteen days straight, they averaged a strong forty miles.

Yn Skaguay, symudodd Perrault a François gargo drwy'r dref.

In Skaguay, Perrault and François moved cargo through town.

Cawsant eu cymeradwyo a chynigiwyd llawer o ddiodydd iddynt gan dyrfaoedd edmygol.

They were cheered and offered many drinks by admiring crowds.

Ymgasglodd diarddelwyr cŵn a gweithwyr o amgylch y tîm cŵn enwog.

Dog-busters and workers gathered around the famous dog team.

Yna daeth alltudion y gorllewin i'r dref a chael eu trechu'n dreisgar.

Then western outlaws came to town and met violent defeat.

Yn fuan iawn, anghofiodd y bobl y tîm a chanolbwyntio ar ddrama newydd.

The people soon forgot the team and focused on new drama.

Yna daeth y gorchmynion newydd a newidiodd bopeth ar unwaith.

Then came the new orders that changed everything at once.

Galwodd François Buck ato a'i gofleidio â balchder dagreuol.

François called Buck to him and hugged him with tearful pride.

Dyna oedd y tro olaf i Buck weld François eto.

That moment was the last time Buck ever saw François again.

Fel llawer o ddynion o'r blaen, roedd François a Perrault ill dau wedi mynd.

Like many men before, both François and Perrault were gone.

Cymerodd hanner brid Albanaidd reolaeth dros Buck a'i gyd-chwaraewyr cŵn sled.

A Scotch half-breed took charge of Buck and his sled dog teammates.

Gyda dwsin o dimau cŵn eraill, dychwelasant ar hyd y llwybr i Dawson.

With a dozen other dog teams, they returned along the trail to Dawson.

Nid rhediad cyflym oedd hi bellach—dim ond llafur trwm gyda llwyth trwm bob dydd.

It was no fast run now—just heavy toil with a heavy load each day.

Dyma oedd y trên post, yn dod â gair i helwyr aur ger y Pegwn.

This was the mail train, bringing word to gold hunters near the Pole.

Nid oedd Buck yn hoffi'r gwaith ond roedd yn ei ddioddef yn dda, gan ymfalchïo yn ei ymdrech.

Buck disliked the work but bore it well, taking pride in his effort.

Fel Dave a Solleks, dangosodd Buck ymroddiad i bob tasg ddyddiol.

Like Dave and Solleks, Buck showed devotion to every daily task.

Gwnaeth yn siŵr bod ei gyd-chwaraewyr i gyd yn gwneud eu gorau glas.

He made sure his teammates each pulled their fair weight.

Daeth bywyd y llwybr yn ddiflas, yn cael ei ailadrodd â chywirdeb peiriant.

Trail life became dull, repeated with the precision of a machine.

Roedd pob diwrnod yn teimlo'r un peth, un bore yn cymysgu i'r nesaf.

Each day felt the same, one morning blending into the next.

Ar yr un awr, cododd y cogyddion i gynnau tanau a pharatoi bwyd.

At the same hour, the cooks rose to build fires and prepare food.

Ar ôl brecwast, gadawodd rhai y gwersyll tra bod eraill yn harneisio'r cŵn.

After breakfast, some left camp while others harnessed the dogs.

Fe wnaethon nhw gyrraedd y llwybr cyn i rybudd gwan y wawr gyffwrdd â'r awyr.

They hit the trail before the dim warning of dawn touched the sky.

Yn y nos, fe wnaethon nhw stopio i wersylla, pob dyn â dyletswydd benodol.

At night, they stopped to make camp, each man with a set duty.

Cododd rhai y pebyll, torrodd eraill goed tân a chasglodd ganghennau pinwydd.

Some pitched the tents, others cut firewood and gathered pine boughs.

Byddai dŵr neu iâ yn cael eu cario yn ôl at y cogyddion ar gyfer y pryd gyda'r nos.

Water or ice was carried back to the cooks for the evening meal.

Cafodd y cŵn eu bwydo, a dyma oedd rhan orau'r diwrnod iddyn nhw.

The dogs were fed, and this was the best part of the day for them.

Ar ôl bwyta pysgod, ymlaciodd y cŵn a gorwedd ger y tân.

After eating fish, the dogs relaxed and lounged near the fire.

Roedd cant o gŵn eraill yn y confoi i gymysgu â nhw.

There were a hundred other dogs in the convoy to mingle with.

Roedd llawer o'r cŵn hynny'n ffyrnig ac yn gyflym i ymladd heb rybudd.

Many of those dogs were fierce and quick to fight without warning.

Ond ar ôl tair buddugoliaeth, meistrolodd Buck hyd yn oed yr ymladdwyr mwyaf ffyrnig.

But after three wins, Buck mastered even the fiercest fighters.

Nawr pan grwgnachodd Buck a dangos ei ddannedd, camon nhw o'r neilltu.

Now when Buck growled and showed his teeth, they stepped aside.

Efallai yn bwysicaf oll, roedd Buck wrth ei fodd yn gorwedd ger y tân gwersyll yn fflachio.

Perhaps best of all, Buck loved lying near the flickering campfire.

Plygodd yn sydyn gyda'i goesau ôl wedi'u plygu a'i goesau blaen wedi'u hymestyn ymlaen.

He crouched with hind legs tucked and front legs stretched ahead.

Codwyd ei ben wrth iddo blincio'n feddal at y fflamau'n tywynnu.

His head was raised as he blinked softly at the glowing flames.

Weithiau byddai'n cofio tŷ mawr y Barnwr Miller yn Santa Clara.

Sometimes he recalled Judge Miller's big house in Santa Clara.

Meddyliodd am y pwll sment, am Ysabel, a'r ci pug o'r enw Toots.

He thought of the cement pool, of Ysabel, and the pug called Toots.

Ond yn amlach byddai'n cofio clwb y dyn â'r siwmper goch.

But more often he remembered the man with the red sweater's club.

Cofiai farwolaeth Curly a'i frwydr ffyrnig â Spitz.

He remembered Curly's death and his fierce battle with Spitz.

Roedd hefyd yn cofio'r bwyd da yr oedd wedi'i fwyta neu'n dal i freuddwydio amdano.

He also recalled the good food he had eaten or still dreamed of.

Nid oedd Buck yn hiraethu am adref—roedd y dyffryn cynnes yn bell ac yn afreal.

Buck was not homesick—the warm valley was distant and unreal.

Nid oedd atgofion o California yn ei atynnu'n wironeddol mwyach.

Memories of California no longer held any real pull over him.

Yn gryfach na'r cof roedd greddfau yn ddwfn yn ei linach waed.

Stronger than memory were instincts deep in his bloodline.

Roedd arferion a gollwyd unwaith wedi dychwelyd, wedi'u hadfywio gan y llwybr a'r gwyllt.

Habits once lost had returned, revived by the trail and the wild.

Wrth i Buck wylio golau'r tân, weithiau byddai'n troi'n rhywbeth arall.

As Buck watched the firelight, it sometimes became something else.

Gwelodd yng ngolau'r tân dân arall, hŷn a dyfnach na'r un presennol.

He saw in the firelight another fire, older and deeper than the present one.

Wrth ymyl y tân arall hwnnw roedd dyn yn gwrcwd, yn wahanol i'r cogydd hanner brid.

Beside that other fire crouched a man unlike the half-breed cook.

Roedd gan y ffigur hwn goesau byr, breichiau hir, a chyhyrau caled, clymog.

This figure had short legs, long arms, and hard, knotted muscles.

Roedd ei wallt yn hir ac yn gleision, yn gogwyddo yn ôl o'r llygaid.

His hair was long and matted, sloping backward from the eyes.

Gwnaeth synau rhyfedd a syllu allan mewn ofn ar y tywyllwch.

He made strange sounds and stared out in fear at the darkness.

Daliodd glwb carreg yn isel, wedi'i afael yn dynn yn ei law hir, garw.

He held a stone club low, gripped tightly in his long rough hand.

Ychydig oedd y dyn yn ei wisgo; dim ond croen wedi'i losgi oedd yn hongian i lawr ei gefn.

The man wore little; just a charred skin that hung down his back.

Roedd ei gorff wedi'i orchuddio â gwallt trwchus ar draws ei freichiau, ei frest a'i gluniau.

His body was covered with thick hair across arms, chest, and thighs.

Roedd rhai rhannau o'r gwallt wedi'u cysylltu'n glytiau o ffwr garw.

Some parts of the hair were tangled into patches of rough fur.

Ni safodd yn syth ond plygodd ymlaen o'r cluniau i'r pengliniau.

He did not stand straight but bent forward from the hips to knees.

Roedd ei gamau'n sbringlyd ac fel cath, fel pe bai bob amser yn barod i neidio.

His steps were springy and catlike, as if always ready to leap.

Roedd yna rybudd llym, fel pe bai'n byw mewn ofn cyson.

There was a sharp alertness, like he lived in constant fear.

Roedd yn ymddangos bod y dyn hynafol hwn yn disgwyl perygl, boed y perygl yn cael ei weld ai peidio.

This ancient man seemed to expect danger, whether the danger was seen or not.

Ar adegau byddai'r dyn blewog yn cysgu wrth y tân, a'i ben wedi'i guddio rhwng ei goesau.

At times the hairy man slept by the fire, head tucked between legs.

Gorffwysodd ei benelinoedd ar ei ben-gliniau, ei ddwylo wedi'u clymu uwchben ei ben.

His elbows rested on his knees, hands clasped above his head.

Fel ci, defnyddiodd ei freichiau blewog i gael gwared â'r glaw oedd yn disgyn.

Like a dog he used his hairy arms to shed off the falling rain.

Y tu hwnt i olau'r tân, gwelodd Buck lo deuol yn tywynnu yn y tywyllwch.

Beyond the firelight, Buck saw twin coals glowing in the dark.

Bob amser yn ddau wrth ddau, llygaid anifeiliaid ysglyfaethus yn stelcio oedden nhw.

Always two by two, they were the eyes of stalking beasts of prey.

Clywodd gyrff yn torri trwy llwyni a synau a wnaed yn y nos.

He heard bodies crash through brush and sounds made in the night.

Yn gorwedd ar lan Yukon, yn blincio, breuddwydiodd Buck wrth y tân.

Lying on the Yukon bank, blinking, Buck dreamed by the fire.

Gwnaeth golygfeydd a synau'r byd gwyllt hwnnw i'w wallt sefyll i fyny.

The sights and sounds of that wild world made his hair stand up.

Cododd y ffwr ar hyd ei gefn, ei ysgwyddau, ac i fyny ei wddf.

The fur rose along his back, his shoulders, and up his neck.

Gwichiodd yn ysgafn neu grwgnachodd yn isel yn ddwfn yn ei frest.

He whimpered softly or gave a low growl deep in his chest.

Yna gwaeddodd y cogydd hanner brid, "Hei, ti Buck, deffro!"

Then the half-breed cook shouted, "Hey, you Buck, wake up!"

Diflannodd byd y breuddwydion, a dychwelodd bywyd go iawn i lygaid Buck.

The dream world vanished, and real life returned to Buck's eyes.

Roedd yn mynd i godi, ymestyn, a gwên, fel pe bai wedi deffro o gwsg.

He was going to get up, stretch, and yawn, as if woken from a nap.

Roedd y daith yn galed, gyda'r sled post yn llusgo ar eu hôl.

The trip was hard, with the mail sled dragging behind them.

Roedd llwythi trwm a gwaith caled yn blino'r cŵn bob diwrnod hir.

Heavy loads and tough work wore down the dogs each long day.

Cyrhaeddon nhw Dawson yn denau, yn flinedig, ac angen dros wythnos o orffwys.

They reached Dawson thin, tired, and needing over a week's rest.

Ond dim ond dau ddiwrnod yn ddiweddarach, fe gychwynnon nhw i lawr afon Yukon eto.

But only two days later, they set out down the Yukon again.

Roedden nhw wedi'u llwytho â mwy o lythyrau yn mynd i'r byd y tu allan.

They were loaded with more letters bound for the outside world.

Roedd y cŵn wedi blino'n lân ac roedd y dynion yn cwyno'n gyson.

The dogs were exhausted and the men were complaining constantly.

Roedd eira'n disgyn bob dydd, gan feddalu'r llwybr ac arafu'r slediau.

Snow fell every day, softening the trail and slowing the sleds.

Gwnaeth hyn dynnu'n galetach a mwy o lusgo ar y rhedwyr.

This made for harder pulling and more drag on the runners.

Er hynny, roedd y gyrwyr yn deg ac yn gofalu am eu timau.

Despite that, the drivers were fair and cared for their teams.

Bob nos, byddai'r cŵn yn cael eu bwydo cyn i'r dynion gael bwyta.

Each night, the dogs were fed before the men got to eat.

Ni chysgodd unrhyw ddyn cyn gwirio traed ei gi ei hun.

No man slept before checking the feet of his own dog's.

Serch hynny, gwanhaodd y cŵn wrth i'r milltiroedd wisgo ar eu cyrff.

Still, the dogs grew weaker as the miles wore on their bodies.

Roedden nhw wedi teithio deunaw cant o filltiroedd drwy'r gaeaf.

They had traveled eighteen hundred miles through the winter.

Fe wnaethon nhw dynnu slediau ar draws pob milltir o'r pellter creulon hwnnw.

They pulled sleds across every mile of that brutal distance.

Mae hyd yn oed y cŵn sled caletaf yn teimlo straen ar ôl cymaint o filltiroedd.

Even the toughest sled dogs feel strain after so many miles.

Daliodd Buck ati, cadwodd ei dîm i weithio, a chynnal disgyblaeth.

Buck held on, kept his team working, and maintained discipline.

Ond roedd Buck wedi blino, yn union fel y lleill ar y daith hir.

But Buck was tired, just like the others on the long journey.

Roedd Billee yn griddfan ac yn crio yn ei gwsg bob nos yn ddi-ffael.

Billee whimpered and cried in his sleep each night without fail.

Aeth Joe hyd yn oed yn fwy chwerw, ac arhosodd Solleks yn oer ac yn bell.

Joe grew even more bitter, and Solleks stayed cold and distant.

Ond Dave a ddioddefodd waethaf o'r tîm cyfan.

But it was Dave who suffered the worst out of the entire team.

Roedd rhywbeth wedi mynd o'i le y tu mewn iddo, er nad oedd neb yn gwybod beth.

Something had gone wrong inside him, though no one knew what.

Aeth yn fwy hwyliaugar a sarhaeddodd eraill gyda dicter cynyddol.

He became moodier and snapped at others with growing anger.

Bob nos byddai'n mynd yn syth i'w nyth, yn aros i gael ei fwydo.

Each night he went straight to his nest, waiting to be fed.

Unwaith iddo fod i lawr, ni chododd Dave eto tan y bore.

Once he was down, Dave did not get up again till morning.

Ar yr awenau, roedd jerciau neu gychwyniadau sydyn yn ei wneud yn gweiddi mewn poen.

On the reins, sudden jerks or starts made him cry out in pain.

Chwiliodd ei yrrwr am yr achos, ond ni chanfuwyd unrhyw anaf iddo.

His driver searched for the cause, but found no injury on him.

Dechreuodd yr holl yrwyr wylio Dave a thrafod ei achos.

All the drivers began watching Dave and discussed his case.

Buont yn siarad wrth brydau bwyd ac yn ystod eu mwg olaf o'r dydd.

They talked at meals and during their final smoke of the day.

Un noson fe wnaethon nhw gynnal cyfarfod a dod â Dave at y tân.

One night they held a meeting and brought Dave to the fire.

Fe wnaethon nhw bwyso a phrofi ei gorff, ac fe waeddodd yn aml.

They pressed and probed his body, and he cried out often.

Yn amlwg, roedd rhywbeth o'i le, er nad oedd unrhyw esgyrn yn ymddangos wedi torri.

Clearly, something was wrong, though no bones seemed broken.

Erbyn iddyn nhw gyrraedd Bar Cassiar, roedd Dave yn cwympo i lawr.

By the time they reached Cassiar Bar, Dave was falling down.

Rhoddodd yr hanner brid Albanaidd stop a chael gwared ar Dave o'r tîm.

The Scotch half-breed called a halt and removed Dave from the team.

Clymodd Solleks yn lle Dave, agosaf at flaen y sled.

He fastened Solleks in Dave's place, closest to the sled's front.

Roedd e'n bwriadu gadael i Dave orffwys a rhedeg yn rhydd y tu ôl i'r sled oedd yn symud.

He meant to let Dave rest and run free behind the moving sled.

Ond hyd yn oed yn sâl, roedd Dave yn casáu cael ei gymryd o'r swydd a fu ganddo.

But even sick, Dave hated being taken from the job he had owned.

Grwgnachodd a gwynodd wrth i'r awenau gael eu tynnu oddi ar ei gorff.

He growled and whimpered as the reins were pulled from his body.

Pan welodd Solleks yn ei le, fe wylo gyda phoen calon doredig.

When he saw Solleks in his place, he cried with broken-hearted pain.

Roedd balchder gwaith llwybrau yn ddwfn yn Dave, hyd yn oed wrth i farwolaeth agosáu.

The pride of trail work was deep in Dave, even as death approached.

Wrth i'r sled symud, roedd Dave yn gwthio trwy eira meddal ger y llwybr.

As the sled moved, Dave floundered through soft snow near the trail.

Ymosododd ar Solleks, gan ei frathu a'i wthio o ochr y sled.

He attacked Solleks, biting and pushing him from the sled's side.

Ceisiodd Dave neidio i'r harnais ac adennill ei fan gweithio.

Dave tried to leap into the harness and reclaim his working spot.

Gwaeddodd, cwynodd, a chrio, wedi'i rhwygo rhwng poen a balchder mewn llafur.

He yelped, whined, and cried, torn between pain and pride in labor.

Defnyddiodd yr hanner brid ei chwip i geisio gyrru Dave i ffwrdd o'r tîm.

The half-breed used his whip to try driving Dave away from the team.

Ond anwybyddodd Dave y chwipiad, ac ni allai'r dyn ei daro'n galetach.

But Dave ignored the lash, and the man couldn't strike him harder.

Gwrthododd Dave y llwybr hawsaf y tu ôl i'r sled, lle'r oedd eira wedi'i bacio.

Dave refused the easier path behind the sled, where snow was packed.

Yn hytrach, fe frwydrodd yn yr eira dwfn wrth ymyl y llwybr, mewn trallod.

Instead, he struggled in the deep snow beside the trail, in misery.

Yn y diwedd, cwympodd Dave, gan orwedd yn yr eira ac udo mewn poen.

Eventually, Dave collapsed, lying in the snow and howling in pain.

Gwaeddodd wrth i'r trên hir o slediau basio heibio iddo un wrth un.

He cried out as the long train of sleds passed him one by one.

Eto i gyd, gyda pha nerth bynnag a oedd yn weddill, cododd a baglu ar eu hôl.

Still, with what strength remained, he rose and stumbled after them.

Daliodd i fyny pan stopiodd y trên eto a dod o hyd i'w hen sled.

He caught up when the train stopped again and found his old sled.

Fe wnaeth e flwndro heibio i'r timau eraill a sefyll wrth ymyl Solleks eto.

He floundered past the other teams and stood beside Solleks again.

Wrth i'r gyrrwr oedi i gynnau ei bibell, cymerodd Dave ei gyfle olaf.

As the driver paused to light his pipe, Dave took his last chance.

Pan ddychwelodd y gyrrwr a gweiddi, ni symudodd y tîm ymlaen.

When the driver returned and shouted, the team didn't move forward.

Roedd y cŵn wedi troi eu pennau, wedi drysu gan y stop sydyn.

The dogs had turned their heads, confused by the sudden stoppage.

Cafodd y gyrrwr sioc hefyd—doedd y sled ddim wedi symud modfedd ymlaen.

The driver was shocked too—the sled hadn't moved an inch forward.

Galwodd ar y lleill i ddod i weld beth oedd wedi digwydd.

He called out to the others to come and see what had happened.

Roedd Dave wedi cnoi drwy awenau Solleks, gan dorri'r ddau ar wahân.

Dave had chewed through Solleks's reins, breaking both apart.

Nawr roedd yn sefyll o flaen y sled, yn ôl yn ei safle cywir.

Now he stood in front of the sled, back in his rightful position.

Edrychodd Dave i fyny at y gyrrwr, gan erfyn yn dawel i aros yn yr olion.

Dave looked up at the driver, silently pleading to stay in the traces.

Roedd y gyrrwr yn ddryslyd, yn ansicr beth i'w wneud i'r ci oedd yn ei chael hi'n anodd.

The driver was puzzled, unsure of what to do for the struggling dog.

Siaradodd y dynion eraill am gŵn a oedd wedi marw o gael eu cymryd allan.

The other men spoke of dogs who had died from being taken out.

Roedden nhw'n sôn am gŵn hen neu gŵn sydd wedi'u hanafu a dorrodd eu calonnau pan gawsant eu gadael ar ôl.

They told of old or injured dogs whose hearts broke when left behind.

Cytunasant ei bod yn drugaredd gadael i Dave farw tra'n dal yn ei harnais.

They agreed it was mercy to let Dave die while still in his harness.

Cafodd ei glymu'n ôl ar y sled, a thynnodd Dave gyda balchder.

He was fastened back onto the sled, and Dave pulled with pride.

Er iddo weiddi ar brydiau, roedd yn gweithio fel pe bai modd anwybyddu poen.

Though he cried out at times, he worked as if pain could be ignored.

Mwy nag unwaith fe syrthiodd a chafodd ei lusgo cyn codi eto.

More than once he fell and was dragged before rising again.

Unwaith, rholiodd y sled drosto, ac fe gloffodd o'r foment honno ymlaen.

Once, the sled rolled over him, and he limped from that moment on.

Serch hynny, gweithiodd nes cyrraedd y gwersyll, ac yna gorweddodd wrth y tân.

Still, he worked until camp was reached, and then lay by the fire.

Erbyn y bore, roedd Dave yn rhy wan i deithio neu hyd yn oed sefyll yn unionsyth.

By morning, Dave was too weak to travel or even stand upright.

Adeg gwisgo'r harnais, ceisiodd gyrraedd ei yrrwr gyda cryndod.

At harness-up time, he tried to reach his driver with trembling effort.

Gorfodwyd ei hun i fyny, siglodd, a chwympodd ar y ddaear eiraog.

He forced himself up, staggered, and collapsed onto the snowy ground.

Gan ddefnyddio ei goesau blaen, llusgodd ei gorff tuag at yr ardal harneisio.

Using his front legs, he dragged his body toward the harnessing area.

Clymodd ei hun ymlaen, modfedd wrth fodfedd, tuag at y cŵn gwaith.

He hitched himself forward, inch by inch, toward the working dogs.

Collodd ei nerth, ond parhaodd i symud yn ei wthiad olaf anobeithiol.

His strength gave out, but he kept moving in his last desperate push.

Gwelodd ei gyd-chwaraewyr ef yn anadlu'n drwm yn yr eira, yn dal i hiraethu i ymuno â nhw.

His teammates saw him gasping in the snow, still longing to join them.

Clywsant ef yn udo gan dristwch wrth iddynt adael y gwersyll ar ôl.

They heard him howling with sorrow as they left the camp behind.

Wrth i'r tîm ddiflannu i'r coed, roedd cri Dave yn atseinio y tu ôl iddyn nhw.

As the team vanished into trees, Dave's cry echoed behind them.

Stopiodd y trên sled am gyfnod byr ar ôl croesi darn o goed afon.

The sled train halted briefly after crossing a stretch of river timber.

Cerddodd yr hanner brid Albanaidd yn araf yn ôl tuag at y gwersyll y tu ôl.

The Scotch half-breed walked slowly back toward the camp behind.

Stopiodd y dynion siarad pan welsant ef yn gadael y trên sled.

The men stopped speaking when they saw him leave the sled train.

Yna fe atgofiodd un ergyd yn glir ac yn finiog ar draws y llwybr.

Then a single gunshot rang out clear and sharp across the trail.

Dychwelodd y dyn yn gyflym a chymerodd ei le heb ddweud gair.

The man returned quickly and took up his place without a word.

Craciodd chwipiau, tinciodd clychau, a rholiodd y slediau ymlaen trwy'r eira.

Whips cracked, bells jingled, and the sleds rolled on through snow.

Ond roedd Buck yn gwybod beth oedd wedi digwydd — ac felly roedd pob ci arall.

But Buck knew what had happened — and so did every other dog.

Llafur yr Awenau a'r Llwybr
The Toil of Reins and Trail

Tri deg diwrnod ar ôl gadael Dawson, cyrhaeddodd y Salt Water Mail Skaguay.
Thirty days after leaving Dawson, the Salt Water Mail reached Skaguay.

Buck a'i gyd-chwaraewyr oedd ar y blaen, gan gyrraedd mewn cyflwr truenus.
Buck and his teammates pulled the lead, arriving in pitiful condition.

Roedd Buck wedi colli pwysau o gant a deugain i gant a phymtheg punt.
Buck had dropped from one hundred forty to one hundred fifteen pounds.

Roedd y cŵn eraill, er eu bod yn llai, wedi colli hyd yn oed mwy o bwysau'r corff.
The other dogs, though smaller, had lost even more body weight.

Roedd Pike, a oedd unwaith yn limper ffug, bellach yn llusgo coes wirioneddol anafedig y tu ôl iddo.
Pike, once a fake limper, now dragged a truly injured leg behind him.

Roedd Solleks yn cloffi'n ofnadwy, ac roedd gan Dub lafar ysgwydd wedi rhwygo.
Solleks was limping badly, and Dub had a wrenched shoulder blade.

Roedd gan bob ci yn y tîm ddolur traed ar ôl wythnosau ar y llwybr rhewllyd.
Every dog in the team was footsore from weeks on the frozen trail.

Nid oedd ganddyn nhw unrhyw sbring ar ôl yn eu camau, dim ond symudiad araf, llusgo.
They had no spring left in their steps, only slow, dragging motion.

Mae eu traed yn taro'r llwybr yn galed, pob cam yn ychwanegu mwy o straen i'w cyrff.

Their feet hit the trail hard, each step adding more strain to their bodies.

Nid oeddent yn sâl, dim ond wedi draenio y tu hwnt i bob adferiad naturiol.

They were not sick, only drained beyond all natural recovery.

Nid blinder oedd hyn o un diwrnod caled, wedi'i wella gyda noson o orffwys.

This was not tiredness from one hard day, cured with a night's rest.

Blinder a adeiladwyd yn araf trwy fisoedd o ymdrech galed ydoedd.

It was exhaustion built slowly through months of grueling effort.

Doedd dim cryfder wrth gefn ar ôl—roedden nhw wedi defnyddio pob darn oedd ganddyn nhw.

No reserve strength remained—they had used up every bit they had.

Roedd pob cyhyr, ffibr a chell yn eu cyrff wedi treulio a'i dreulio.

Every muscle, fiber, and cell in their bodies was spent and worn.

Ac roedd yna reswm—roedden nhw wedi teithio dau ddeg pump cant o filltiroedd.

And there was a reason—they had covered twenty-five hundred miles.

Dim ond pum niwrnod yr oeddent wedi gorffwys yn ystod y deunaw cant o filltiroedd olaf.

They had rested only five days during the last eighteen hundred miles.

Pan gyrhaeddon nhw Skaguay, roedden nhw prin yn gallu sefyll yn unionsyth.

When they reached Skaguay, they looked barely able to stand upright.

Roedden nhw'n ei chael hi'n anodd cadw'r awenau'n dynn ac aros ar flaen y sled.

They struggled to keep the reins tight and stay ahead of the sled.

Ar lethrau i lawr, dim ond osgoi cael eu taro drostynt a lwyddodd.

On downhill slopes, they only managed to avoid being run over.

"Ewch ymlaen, traed dolurus truan," meddai'r gyrrwr wrth iddyn nhw gloffi ymlaen.

"March on, poor sore feet," the driver said as they limped along.

"Dyma'r ymestyn olaf, yna cawn ni i gyd un gorffwys hir, yn sicr."

"This is the last stretch, then we all get one long rest, for sure."

"Un gorffwys hir go iawn," addawodd, gan eu gwylio'n baglu ymlaen.

"One truly long rest," he promised, watching them stagger forward.

Roedd y gyrwyr yn disgwyl y byddent nawr yn cael seibiant hir, angenrheidiol.

The drivers expected they were going to now get a long, needed break.

Roedden nhw wedi teithio deuddeg cant o filltiroedd gyda dim ond dau ddiwrnod o orffwys.

They had traveled twelve hundred miles with only two days' rest.

Drwy degwch a rheswm, roedden nhw'n teimlo eu bod nhw wedi haeddu amser i ymlacio.

By fairness and reason, they felt they had earned time to relax.

Ond roedd gormod wedi dod i'r Klondike, a rhy ychydig wedi aros adref.

But too many had come to the Klondike, and too few had stayed home.

Llifodd llythyrau gan deuluoedd i mewn, gan greu pentyrrau o bost wedi'i ohirio.

Letters from families flooded in, creating piles of delayed mail.

Cyrhaeddodd gorchmynion swyddogol—roedd cŵn newydd Bae Hudson yn mynd i gymryd yr awenau.

Official orders arrived—new Hudson Bay dogs were going to take over.

Roedd y cŵn blinedig, a elwir bellach yn ddiwerth, i gael eu gwaredu.

The exhausted dogs, now called worthless, were to be disposed of.

Gan fod arian yn bwysicach na chŵn, roedden nhw'n mynd i gael eu gwerthu'n rhad.

Since money mattered more than dogs, they were going to be sold cheaply.

Aeth tri diwrnod arall heibio cyn i'r cŵn deimlo pa mor wan oedden nhw.

Three more days passed before the dogs felt just how weak they were.

Ar y pedwerydd bore, prynodd dau ddyn o'r Unol Daleithiau'r tîm cyfan.

On the fourth morning, two men from the States bought the whole team.

Roedd y gwerthiant yn cynnwys yr holl gŵn, ynghyd â'u harnais gwisgo.

The sale included all the dogs, plus their worn harness gear.

Galwodd y dynion ei gilydd yn "Hal" a "Charles" wrth iddyn nhw gwblhau'r fargen.

The men called each other "Hal" and "Charles" as they completed the deal.

Roedd Charles yn ganol oed, yn welw, gyda gwefusau llipa a phennau mwstas ffyrnig.

Charles was middle-aged, pale, with limp lips and fierce mustache tips.

Roedd Hal yn ddyn ifanc, efallai bedair ar bymtheg, yn gwisgo gwregys wedi'i stwffio â chetris.

Hal was a young man, maybe nineteen, wearing a cartridge-stuffed belt.

Roedd y gwregys yn dal rifolfer mawr a chyllell hela, y ddau heb eu defnyddio.

The belt held a big revolver and a hunting knife, both unused.

Dangosodd pa mor ddibrofiad ac anaddas oedd o ar gyfer bywyd yn y gogledd.

It showed how inexperienced and unfit he was for northern life.

Nid oedd y naill ddyn na'r llall yn perthyn i'r gwyllt; roedd eu presenoldeb yn herio pob rheswm.

Neither man belonged in the wild; their presence defied all reason.

Gwyliodd Buck wrth i arian gyfnewid dwylo rhwng y prynwr a'r asiant.

Buck watched as money exchanged hands between buyer and agent.

Roedd yn gwybod bod gyrwyr y trên post yn gadael ei fywyd fel y gweddill.

He knew the mail-train drivers were leaving his life like the rest.

Dilynasant Perrault a François, a oedd bellach wedi mynd y tu hwnt i'r cof.

They followed Perrault and François, now gone beyond recall.

Arweiniwyd Buck a'r tîm i wersyll diofal eu perchnogion newydd.

Buck and the team were led to their new owners' sloppy camp.

Sugnodd y babell, roedd y llestri'n fudr, ac roedd popeth mewn anhrefn.

The tent sagged, dishes were dirty, and everything lay in disarray.

Sylwodd Buck ar fenyw yno hefyd—Mercedes, gwraig Charles a chwaer Hal.

Buck noticed a woman there too—Mercedes, Charles's wife and Hal's sister.

Fe wnaethon nhw deulu cyflawn, er eu bod nhw ymhell o fod yn addas ar gyfer y llwybr.

They made a complete family, though far from suited to the trail.

Gwyliodd Buck yn nerfus wrth i'r triawd ddechrau pacio'r cyflenwadau.

Buck watched nervously as the trio started packing the supplies.

Fe wnaethon nhw weithio'n galed ond heb drefn—dim ond ffwdan ac ymdrech wastraff.

They worked hard but without order—just fuss and wasted effort.

Roedd y babell wedi'i rholio i siâp swmpus, yn llawer rhy fawr ar gyfer y sled.

The tent was rolled into a bulky shape, far too large for the sled.

Roedd llestri budr wedi'u pacio heb eu glanhau na'u sychu o gwbl.

Dirty dishes were packed without being cleaned or dried at all.

Roedd Mercedes yn hedfan o gwmpas, yn siarad, yn cywiro ac yn ymyrryd yn gyson.

Mercedes fluttered about, constantly talking, correcting, and meddling.

Pan osodwyd sach ar y blaen, mynnodd ei fod yn mynd ar y cefn.

When a sack was placed on front, she insisted it go on the back.

Paciodd y sach yn y gwaelod, a'r funud nesaf roedd ei hangen arni.

She packed the sack in the bottom, and the next moment she needed it.

Felly dadbacio'r sled eto i gyrraedd yr un bag penodol.

So the sled was unpacked again to reach the one specific bag.

Gerllaw, roedd tri dyn yn sefyll y tu allan i babell, yn gwylio'r olygfa'n datblygu.

Nearby, three men stood outside a tent, watching the scene unfold.

Fe wnaethon nhw wenu, wincio, a gwenu ar ddryswch amlwg y newydd-ddyfodiaid.

They smiled, winked, and grinned at the newcomers' obvious confusion.

"Mae gennych chi lwyth trwm iawn yn barod," meddai un o'r dynion.

"You've got a right heavy load already," said one of the men.

"Dydw i ddim yn meddwl y dylech chi gario'r babell honno, ond eich dewis chi yw hi."

"I don't think you should carry that tent, but it's your choice."

"Heb freuddwydio amdano!" gwaeddodd Mercedes, gan daflu ei dwylo i fyny mewn anobaith.

"Undreamed of!" cried Mercedes, throwing up her hands in despair.

"Sut allwn i deithio heb babell i aros oddi tani?"

"How could I possibly travel without a tent to stay under?"

"Mae hi'n wanwyn—fyddwch chi ddim yn gweld tywydd oer eto," atebodd y dyn.

"It's springtime—you won't see cold weather again," the man replied.

Ond ysgwydodd ei phen, ac fe barhaon nhw i bentyrru eitemau ar y sled.

But she shook her head, and they kept piling items onto the sled.

Cododd y llwyth yn beryglus o uchel wrth iddyn nhw ychwanegu'r pethau olaf.

The load towered dangerously high as they added the final things.

"Tybed a fydd y sled yn reidio?" gofynnodd un o'r dynion gyda golwg amheus.

"Think the sled will ride?" asked one of the men with a skeptical look.

"Pam na ddylai?" atebodd Charles yn sydyn gyda dicter llym.

"Why shouldn't it?" Charles snapped back with sharp annoyance.

"O, mae hynny'n iawn," meddai'r dyn yn gyflym, gan gilio rhag y sarhad.

"Oh, that's all right," the man said quickly, backing away from offense.

"Roeddwn i ond yn meddwl tybed—roedd e'n edrych ychydig yn rhy drwm ar ei ben i mi."

"I was only wondering—it just looked a bit too top-heavy to me."

Trodd Charles i ffwrdd a rhwymo'r llwyth i lawr cyn gynted ag y gallai.

Charles turned away and tied down the load as best as he could.

Ond roedd y clymiadau'n llac a'r pacio wedi'i wneud yn wael ar y cyfan.

But the lashings were loose and the packing poorly done overall.

"Wrth gwrs, bydd y cŵn yn tynnu hynny drwy'r dydd," meddai dyn arall yn sarkastig.

"Sure, the dogs will pull that all day," another man said sarcastically.

"Wrth gwrs," atebodd Hal yn oer, gan afael ym polyn hir y sled.

"Of course," Hal replied coldly, grabbing the sled's long gee-pole.

Gyda un llaw ar y polyn, siglodd y chwip yn y llall.

With one hand on the pole, he swung the whip in the other.

"Gadewch i ni fynd!" gwaeddodd. "Symudwch hi!" gan annog y cŵn i gychwyn.

"Let's go!" he shouted. "Move it!" urging the dogs to start.

Pwysodd y cŵn i'r harnais ac straenio am ychydig eiliadau.

The dogs leaned into the harness and strained for a few moments.

Yna fe stopion nhw, heb allu symud y sled gorlwythog fodfedd.

Then they stopped, unable to budge the overloaded sled an inch.

"Y creaduriaid diog!" gwaeddodd Hal, gan godi'r chwip i'w taro.

"The lazy brutes!" Hal yelled, lifting the whip to strike them.

Ond rhuthrodd Mercedes i mewn a chipio'r chwip o ddwylo Hal.

But Mercedes rushed in and seized the whip from Hal's hands.

"O, Hal, paid â meiddio eu brifo nhw," gwaeddodd mewn dychryn.

"Oh, Hal, don't you dare hurt them," she cried in alarm.

"Addawa i mi y byddi di'n garedig wrthyn nhw, neu wna i ddim mynd gam arall."

"Promise me you'll be kind to them, or I won't go another step."

"Dwyt ti ddim yn gwybod dim am gŵn," meddai Hal yn sydyn wrth ei chwaer.

"You don't know a thing about dogs," Hal snapped at his sister.

"Maen nhw'n ddiog, a'r unig ffordd i'w symud yw eu chwipio."

"They're lazy, and the only way to move them is to whip them."

"Gofynnwch i unrhyw un—gofynnwch i un o'r dynion hynny draw fan'na os ydych chi'n amau fi."

"Ask anyone—ask one of those men over there if you doubt me."

Edrychodd Mercedes ar y gwylwyr â llygaid erfyniol, dagreuol.

Mercedes looked at the onlookers with pleading, tearful eyes.

Roedd ei hwyneb yn dangos pa mor ddwfn yr oedd hi'n casáu gweld unrhyw boen.

Her face showed how deeply she hated the sight of any pain.

"Maen nhw'n wan, dyna'r cyfan," meddai un dyn. "Maen nhw wedi blino'n lân."

"They're weak, that's all," one man said. "They're worn out."

"Mae angen gorffwys arnyn nhw—maen nhw wedi cael eu gweithio'n rhy hir heb seibiant."

"They need rest—they've been worked too long without a break."

"Melltith ar y gweddill," muttered Hal â'i wefus wedi'i chyrlio.

"Rest be cursed," Hal muttered with his lip curled.

Anadlodd Mercedes, yn amlwg wedi'i phoeni gan y gair garw ganddo.

Mercedes gasped, clearly pained by the coarse word from him.

Serch hynny, arhosodd yn ffyddlon ac amddiffynnodd ei brawd ar unwaith.

Still, she stayed loyal and instantly defended her brother.

"Paid â phoeni am y dyn yna," meddai wrth Hal. "Nhw yw ein cŵn ni."

"Don't mind that man," she said to Hal. "They're our dogs."

"Rydych chi'n eu gyrru fel y gwelwch chi'n dda—gwnewch yr hyn sy'n iawn yn eich barn chi."

"You drive them as you see fit—do what you think is right."

Cododd Hal y chwip a tharo'r cŵn eto heb drugaredd.

Hal raised the whip and struck the dogs again without mercy.

Neidion nhw ymlaen, cyrff yn isel, traed yn gwthio i'r eira.

They lunged forward, bodies low, feet pushing into the snow.

Aeth eu holl nerth i'r tynnu, ond nid oedd y sled yn symud.

All their strength went into the pull, but the sled wasn't moving.

Arhosodd y sled yn sownd, fel angor wedi rhewi i'r eira wedi'i bacio.

The sled stayed stuck, like an anchor frozen into the packed snow.

Ar ôl ail ymdrech, stopiodd y cŵn eto, gan anadlu'n drwm.

After a second effort, the dogs stopped again, panting hard.

Cododd Hal y chwip unwaith eto, wrth i Mercedes ymyrryd eto.

Hal raised the whip once more, just as Mercedes interfered again.

Syrthiodd ar ei phen-gliniau o flaen Buck a chofleidio ei wddf.

She dropped to her knees in front of Buck and hugged his neck.

Llenwodd dagrau ei llygaid wrth iddi erfyn ar y ci blinedig.

Tears filled her eyes as she pleaded with the exhausted dog.

"Chwi annwyliaid tlawd," meddai hi, "pam na wnewch chi dynnu'n galetach?"

"You poor dears," she said, "why don't you just pull harder?"

"Os wyt ti'n tynnu, yna fyddi di ddim yn cael dy chwipio fel hyn."

"If you pull, then you won't get to be whipped like this."

Nid oedd Buck yn hoffi Mercedes, ond roedd yn rhy flinedig i'w gwrthsefyll nawr.

Buck disliked Mercedes, but he was too tired to resist her now.

Derbyniodd ei dagrau fel dim ond rhan arall o'r diwrnod truenus.

He accepted her tears as just another part of the miserable day.

Siaradodd un o'r dynion oedd yn gwylio o'r diwedd ar ôl atal ei ddicter.

One of the watching men finally spoke after holding back his anger.

"Does dim ots gen i beth sy'n digwydd i chi bobl, ond mae'r cŵn hynny'n bwysig."

"I don't care what happens to you folks, but those dogs matter."

"Os ydych chi eisiau helpu, torrwch y sled yna'n rhydd— mae wedi rhewi i'r eira."

"If you want to help, break that sled loose—it's frozen to the snow."

"Gwthiwch yn galed ar y polyn gee, i'r dde ac i'r chwith, a thorrwch y sêl iâ."

"Push hard on the gee-pole, right and left, and break the ice seal."

Gwnaed trydydd ymgais, y tro hwn yn dilyn awgrym y dyn.

A third attempt was made, this time following the man's suggestion.

Ysgwydodd Hal y sled o ochr i ochr, gan ryddhau'r rhedwyr.

Hal rocked the sled from side to side, breaking the runners loose.

Er bod y sled wedi'i orlwytho ac yn lletchwith, fe syrthiodd ymlaen o'r diwedd.

The sled, though overloaded and awkward, finally lurched forward.

Tynnodd Buck a'r lleill yn wyllt, wedi'u gyrru gan storm o chwiplashes.

Buck and the others pulled wildly, driven by a storm of whiplashes.

Can llath ymlaen, roedd y llwybr yn troi ac yn llethr i'r stryd.

A hundred yards ahead, the trail curved and sloped into the street.

Byddai wedi cymryd gyrrwr medrus i gadw'r sled yn unionsyth.

It was going to have taken a skilled driver to keep the sled upright.

Nid oedd Hal yn fedrus, a throdd y sled wrth iddo siglo o amgylch y tro.

Hal was not skilled, and the sled tipped as it swung around the bend.

Rhoddodd llinynnau rhydd ffordd, a thywalltodd hanner y llwyth ar yr eira.

Loose lashings gave way, and half the load spilled onto the snow.

Ni stopiodd y cŵn; hedfanodd y sled ysgafnach ar ei ochr.

The dogs did not stop; the lighter sled flew along on its side.

Yn flin oherwydd y cam-drin a'r baich trwm, rhedodd y cŵn yn gyflymach.

Angry from abuse and the heavy burden, the dogs ran faster.

Mewn cynddaredd, dechreuodd Buck redeg, gyda'r tîm yn dilyn ar ei ôl.

Buck, in fury, broke into a run, with the team following behind.

Gwaeddodd Hal "Whoa! Whoa!" ond ni roddodd y tîm unrhyw sylw iddo.

Hal shouted "Whoa! Whoa!" but the team paid no attention to him.

Baglodd, syrthiodd, a chafodd ei lusgo ar hyd y llawr gan yr harnais.

He tripped, fell, and was dragged along the ground by the harness.

Tarodd y sled oedd wedi troi drosto wrth i'r cŵn rasio ymlaen.

The overturned sled bumped over him as the dogs raced on ahead.

Roedd gweddill y cyflenwadau wedi'u gwasgaru ar draws stryd brysur Skaguay.

The rest of the supplies scattered across Skaguay's busy street.

Rhuthrodd pobl garedig i atal y cŵn a chasglu'r offer.

Kind-hearted people rushed to stop the dogs and gather the gear.

Rhoddasant gyngor, yn blwmp ac yn ymarferol, i'r teithwyr newydd hefyd.

They also gave advice, blunt and practical, to the new travelers.

"Os ydych chi eisiau cyrraedd Dawson, cymerwch hanner y llwyth a dyblwch y cŵn."

"If you want to reach Dawson, take half the load and double the dogs."

Gwrandawodd Hal, Charles, a Mercedes, er nad gyda brwdfrydedd.

Hal, Charles, and Mercedes listened, though not with enthusiasm.

Fe wnaethon nhw godi eu pabell a dechrau didoli eu cyflenwadau.

They pitched their tent and started sorting through their supplies.

Allan daeth nwyddau tun, a wnaeth i'r gwylwyr chwerthin yn uchel.

Out came canned goods, which made onlookers laugh aloud.

"Stwff tun ar y llwybr? Byddwch chi'n llwgu cyn i hynny doddi," meddai un.

"Canned stuff on the trail? You'll starve before that melts," one said.

"Blancedi gwesty? Mae'n well i chi eu taflu nhw i gyd allan."

"Hotel blankets? You're better off throwing them all out."

"Gadael y babell hefyd, a does neb yn golchi llestri yma."

"Ditch the tent, too, and no one washes dishes here."

"Tybed a ydych chi'n meddwl eich bod chi'n teithio ar drên Pullman gyda gweision ar fwrdd?"

"You think you're riding a Pullman train with servants on board?"

Dechreuodd y broses—cafodd pob eitem ddiwerth ei thaflu i'r ochr.

The process began—every useless item was tossed to the side.

Criodd Mercedes pan gafodd ei bagiau eu gwagio ar y ddaear eiraog.

Mercedes cried when her bags were emptied onto the snowy ground.

Wylodd dros bob eitem a daflwyd allan, un wrth un heb oedi.

She sobbed over every item thrown out, one by one without pause.

Addawodd na fyddai'n mynd un cam arall—ddim hyd yn oed am ddeg Siarl.

She vowed not to go one more step—not even for ten Charleses.

Erfyniodd ar bob person gerllaw i adael iddi gadw ei phethau gwerthfawr.

She begged each person nearby to let her keep her precious things.

O'r diwedd, sychodd ei llygaid a dechrau taflu hyd yn oed dillad hanfodol.

At last, she wiped her eyes and began tossing even vital clothes.

Pan oedd hi wedi gorffen gyda'i nwyddau ei hun, dechreuodd wagio cyflenwadau'r dynion.

When done with her own, she began emptying the men's supplies.

Fel corwynt, rhwygodd drwy eiddo Charles a Hal.

Like a whirlwind, she tore through Charles and Hal's belongings.

Er bod y llwyth wedi'i haneru, roedd yn dal i fod yn llawer trymach nag oedd ei angen.

Though the load was halved, it was still far heavier than needed.

Y noson honno, aeth Charles a Hal allan a phrynu chwe chi newydd.

That night, Charles and Hal went out and bought six new dogs.

Ymunodd y cŵn newydd hyn â'r chwech gwreiddiol, ynghyd â Teek a Koona.

These new dogs joined the original six, plus Teek and Koona.

Gyda'i gilydd fe wnaethon nhw dîm o bedwar ci ar ddeg wedi'u clymu wrth y sled.

Together they made a team of fourteen dogs hitched to the sled.

Ond roedd y cŵn newydd yn anaddas ac wedi'u hyfforddi'n wael ar gyfer gwaith sled.

But the new dogs were unfit and poorly trained for sled work.

Roedd tri o'r cŵn yn gŵn pwyntydd blew byr, ac roedd un yn Newfoundland.

Three of the dogs were short-haired pointers, and one was a Newfoundland.

Roedd y ddau gi olaf yn gŵn mwt heb unrhyw frid na phwrpas clir o gwbl.

The final two dogs were mutts of no clear breed or purpose at all.

Doedden nhw ddim yn deall y llwybr, ac doedden nhw ddim yn ei ddysgu'n gyflym.

They didn't understand the trail, and they didn't learn it quickly.

Gwyliodd Buck a'i ffrindiau nhw gyda dirmyg a llid dwfn.

Buck and his mates watched them with scorn and deep irritation.

Er i Buck ddysgu iddyn nhw beth i beidio â'i wneud, ni allai ddysgu iddyn nhw ddyletswydd.

Though Buck taught them what not to do, he could not teach duty.

Doedden nhw ddim yn hoffi bywyd ar hyd y llwybr na thynnu awenau a slediau.

They didn't take well to trail life or the pull of reins and sleds.

Dim ond y mongrels a geisiodd addasu, a hyd yn oed nhw oedd yn brin o ysbryd ymladd.

Only the mongrels tried to adapt, and even they lacked fighting spirit.

Roedd y cŵn eraill wedi drysu, wedi gwanhau, ac wedi torri gan eu bywyd newydd.

The other dogs were confused, weakened, and broken by their new life.

Gyda'r cŵn newydd yn ddi-glem a'r hen rai wedi blino'n lân, roedd gobaith yn brin.

With the new dogs clueless and the old ones exhausted, hope was thin.

Roedd tîm Buck wedi gorchuddio dau ddeg pump cant o filltiroedd o lwybr garw.

Buck's team had covered twenty-five hundred miles of harsh trail.

Serch hynny, roedd y ddau ddyn yn llawen ac yn falch o'u tîm cŵn mawr.

Still, the two men were cheerful and proud of their large dog team.

Roedden nhw'n meddwl eu bod nhw'n teithio mewn steil, gyda phedwar ar ddeg o gŵn wedi'u clymu.

They thought they were traveling in style, with fourteen dogs hitched.

Roedden nhw wedi gweld slediau'n gadael am Dawson, ac eraill yn cyrraedd oddi yno.

They had seen sleds leave for Dawson, and others arrive from it.

Ond ni welsant erioed un yn cael ei dynnu gan gynifer â phedwar ar ddeg o gŵn.

But never had they seen one pulled by as many as fourteen dogs.

Roedd yna reswm pam fod timau o'r fath yn brin yn anialwch yr Arctig.

There was a reason such teams were rare in the Arctic wilderness.

Ni allai unrhyw sled gario digon o fwyd i fwydo pedwar ar ddeg o gŵn ar gyfer y daith.

No sled could carry enough food to feed fourteen dogs for the trip.

Ond doedd Charles a Hal ddim yn gwybod hynny—roedden nhw wedi gwneud y mathemateg.

But Charles and Hal didn't know that—they had done the math.

Fe wnaethon nhw nodi'r bwyd gyda phensil: cymaint i bob ci, cymaint o ddyddiau, wedi'i wneud.

They penciled out the food: so much per dog, so many days, done.

Edrychodd Mercedes ar eu ffigurau ac amneidiodd fel pe bai'n gwneud synnwyr.

Mercedes looked at their figures and nodded as if it made sense.

Roedd y cyfan yn ymddangos yn syml iawn iddi, o leiaf ar bapur.

It all seemed very simple to her, at least on paper.

Y bore wedyn, arweiniodd Buck y tîm yn araf i fyny'r stryd eiraog.

The next morning, Buck led the team slowly up the snowy street.

Nid oedd unrhyw egni nac ysbryd ynddo nac yn y cŵn y tu ôl iddo.

There was no energy or spirit in him or the dogs behind him.

Roedden nhw wedi blino'n lân o'r dechrau—doedd dim arian wrth gefn ar ôl.

They were dead tired from the start—there was no reserve left.

Roedd Buck wedi gwneud pedair taith rhwng Salt Water a Dawson eisoes.

Buck had made four trips between Salt Water and Dawson already.

Nawr, yn wynebu'r un llwybr eto, nid oedd yn teimlo dim byd ond chwerwder.

Now, faced with the same trail again, he felt nothing but bitterness.

Nid oedd ei galon ynddo, nac yr oedd calonnau'r cŵn eraill chwaith.

His heart was not in it, nor were the hearts of the other dogs.

Roedd y cŵn newydd yn swil, ac roedd yr hyscis yn brin o ymddiriedaeth.

The new dogs were timid, and the huskies lacked all trust.

Teimlai Buck na allai ddibynnu ar y ddau ddyn hyn na'u chwaer.

Buck sensed he could not rely on these two men or their sister.

Doedden nhw ddim yn gwybod dim ac nid oedden nhw'n dangos unrhyw arwyddion o ddysgu ar y llwybr.

They knew nothing and showed no signs of learning on the trail.

Roeddent yn anhrefnus ac yn brin o unrhyw ymdeimlad o ddisgyblaeth.

They were disorganized and lacked any sense of discipline.

Cymerodd hanner y nos iddyn nhw sefydlu gwersyll flêr bob tro.

It took them half the night to set up a sloppy camp each time.

A hanner y bore canlynol treulion nhw'n ymyrryd â'r sled eto.

And half the next morning they spent fumbling with the sled again.

Erbyn hanner dydd, byddent yn aml yn stopio dim ond i drwsio'r llwyth anwastad.

By noon, they often stopped just to fix the uneven load.

Ar rai dyddiau, roedden nhw'n teithio llai na deg milltir i gyd.

On some days, they traveled less than ten miles in total.

Dyddiau eraill, ni lwyddodd nhw i adael y gwersyll o gwbl.

Other days, they didn't manage to leave camp at all.

Ni ddaethant byth yn agos at gwmpasu'r pellter bwyd a gynlluniwyd.

They never came close to covering the planned food-distance.

Fel y disgwyliwyd, fe wnaethon nhw redeg yn brin o fwyd i'r cŵn yn gyflym iawn.

As expected, they ran short on food for the dogs very quickly.

Fe wnaethon nhw waethygu pethau trwy or-fwydo yn y dyddiau cynnar.

They made matters worse by overfeeding in the early days.

Daeth hyn â newyn yn nes gyda phob dogn diofal.

This brought starvation closer with every careless ration.

Nid oedd y cŵn newydd wedi dysgu goroesi ar ychydig iawn.

The new dogs had not learned to survive on very little.

Bwytasant yn llwglyd, gydag archwaeth yn rhy fawr ar gyfer y llwybr.

They ate hungrily, with appetites too large for the trail.

Wrth weld y cŵn yn gwanhau, credai Hal nad oedd y bwyd yn ddigon.

Seeing the dogs weaken, Hal believed the food wasn't enough.

Dyblodd y dognau, gan wneud y camgymeriad hyd yn oed yn waeth.

He doubled the rations, making the mistake even worse.

Ychwanegodd Mercedes at y broblem gyda dagrau ac erfyn ysgafn.

Mercedes added to the problem with tears and soft pleading.

Pan na allai hi argyhoeddi Hal, bwydodd y cŵn yn gyfrinachol.

When she couldn't convince Hal, she fed the dogs in secret.

Lladrataodd o'r sachau pysgod a'i rhoi iddyn nhw y tu ôl i'w gefn.

She stole from the fish sacks and gave it to them behind his back.

Ond nid mwy o fwyd oedd ei angen ar y cŵn mewn gwirionedd—gorffwys oedd e.

But what the dogs truly needed wasn't more food—it was rest.

Roedden nhw'n gwneud amser gwael, ond roedd y sled trwm yn dal i lusgo ymlaen.

They were making poor time, but the heavy sled still dragged on.

Roedd y pwysau hwnnw yn unig yn draenio eu cryfder sy'n weddill bob dydd.

That weight alone drained their remaining strength each day.

Yna daeth y cam o danfwydo wrth i'r cyflenwadau redeg yn brin.

Then came the stage of underfeeding as the supplies ran low.

Sylweddolodd Hal un bore fod hanner bwyd y cŵn eisoes wedi mynd.

Hal realized one morning that half the dog food was already gone.

Dim ond chwarter o gyfanswm pellter y llwybr yr oeddent wedi teithio.

They had only traveled a quarter of the total trail distance.

Ni ellid prynu mwy o fwyd, ni waeth beth oedd y pris a gynigiwyd.

No more food could be bought, no matter what price was offered.

Gostyngodd ddognau'r cŵn islaw'r dogn dyddiol safonol.

He reduced the dogs' portions below the standard daily ration.

Ar yr un pryd, mynnodd deithio hirach i wneud iawn am y golled.

At the same time, he demanded longer travel to make up for loss.

Cefnogodd Mercedes a Charles y cynllun hwn, ond methodd â'i weithredu.

Mercedes and Charles supported this plan, but failed in execution.

Roedd eu sled trwm a'u diffyg sgiliau yn gwneud cynnydd bron yn amhosibl.

Their heavy sled and lack of skill made progress nearly impossible.

Roedd yn hawdd rhoi llai o fwyd, ond yn amhosibl gorfodi mwy o ymdrech.

It was easy to give less food, but impossible to force more effort.

Ni allent ddechrau'n gynnar, nac ychwaith deithio am oriau ychwanegol.

They couldn't start early, nor could they travel for extra hours.

Doedden nhw ddim yn gwybod sut i weithio'r cŵn, nac ychwaith nhw eu hunain, o ran hynny.

They didn't know how to work the dogs, nor themselves, for that matter.

Y ci cyntaf i farw oedd Dub, y lleidr anlwcus ond gweithgar.

The first dog to die was Dub, the unlucky but hardworking thief.

Er ei fod yn aml yn cael ei gosbi, roedd Dub wedi gwneud ei orau heb gwyno.

Though often punished, Dub had pulled his weight without complaint.

Gwaethygodd ei ysgwydd anafedig heb ofal nac angen gorffwys.

His injured shoulder grew worse without care or needed rest.

Yn olaf, defnyddiodd Hal y rifolfer i roi terfyn ar ddioddefaint Dub.

Finally, Hal used the revolver to end Dub's suffering.

Dywediad cyffredin oedd bod cŵn normal yn marw ar fwyd husky.

A common saying claimed that normal dogs die on husky rations.

Dim ond hanner cyfran yr husky o fwyd oedd gan chwe chyfaill newydd Buck.

Buck's six new companions had only half the husky's share of food.

Bu farw'r Newfoundland yn gyntaf, yna'r tri chi pwyntydd gwallt byr.

The Newfoundland died first, then the three short-haired pointers.

Daliodd y ddau gymysgydd ymlaen yn hirach ond bu farw yn y diwedd fel y gweddill.

The two mongrels held on longer but finally perished like the rest.

Erbyn hyn, roedd holl fwynderau a thynerwch y Deheudir wedi diflannu.

By this time, all the amenities and gentleness of the Southland were gone.

Roedd y tri pherson wedi taflu olion olaf eu magwraeth waraidd.

The three people had shed the last traces of their civilized upbringing.

Heb unrhyw hud a lledrith, daeth teithio yn yr Arctig yn gwbl real.

Stripped of glamour and romance, Arctic travel became brutally real.

Roedd yn realiti rhy llym i'w synnwyr o wrywdod a benyweidd-dra.

It was a reality too harsh for their sense of manhood and womanhood.

Nid oedd Mercedes yn wylo am y cŵn mwyach, ond yn awr dim ond amdani ei hun yr oedd yn wylo.

Mercedes no longer wept for the dogs, but now wept only for herself.

Treuliodd ei hamser yn crio ac yn ffraeo gyda Hal a Charles.

She spent her time crying and quarreling with Hal and Charles.

Ffraeo oedd yr un peth nad oeddent byth yn rhy flinedig i'w wneud.

Quarreling was the one thing they were never too tired to do.

Deilliodd eu anniddigrwydd o drallod, tyfodd gydag ef, a rhagori arno.

Their irritability came from misery, grew with it, and surpassed it.

Ni ddaeth amynedd y llwybr, a adnabyddir i'r rhai sy'n llafurio ac yn dioddef yn garedig.

The patience of the trail, known to those who toil and suffer kindly, never came.

Yr oedd yr amynedd hwnnw, sy'n cadw lleferydd yn felys trwy boen, yn anhysbys iddynt.

That patience, which keeps speech sweet through pain, was unknown to them.

Nid oedd ganddyn nhw unrhyw awgrym o amynedd, dim nerth a dynnwyd o ddioddefaint â gras.

They had no hint of patience, no strength drawn from suffering with grace.

Roedden nhw'n stiff gyda phoen—yn dolurus yn eu cyhyrau, eu hesgyrn, a'u calonnau.

They were stiff with pain—aching in their muscles, bones, and hearts.

Oherwydd hyn, daethant yn finiog o dafod a chyflym gyda geiriau llym.

Because of this, they grew sharp of tongue and quick with harsh words.

Dechreuodd a gorffennodd pob diwrnod gyda lleisiau blin a chwynion chwerw.

Each day began and ended with angry voices and bitter complaints.

Roedd Charles a Hal yn ffraeo pryd bynnag y byddai Mercedes yn rhoi cyfle iddyn nhw.

Charles and Hal wrangled whenever Mercedes gave them a chance.

Credai pob dyn ei fod wedi gwneud mwy na'i gyfran deg o'r gwaith.

Each man believed he did more than his fair share of the work.

Ni chollodd y naill na'r llall gyfle i ddweud hynny, dro ar ôl tro.

Neither ever missed a chance to say so, again and again.

Weithiau roedd Mercedes yn ochri gyda Charles, weithiau gyda Hal.

Sometimes Mercedes sided with Charles, sometimes with Hal.

Arweiniodd hyn at ffrae fawr a diddiwedd ymhlith y tri.

This led to a grand and endless quarrel among the three.

Aeth anghydfod ynghylch pwy ddylai dorri coed tân allan o reolaeth.

A dispute over who should chop firewood grew out of control.

Yn fuan, enwyd tadau, mamau, cefndryd, a pherthnasau marw.

Soon, fathers, mothers, cousins, and dead relatives were named.

Daeth barn Hal ar gelf neu ddramâu ei ewythr yn rhan o'r frwydr.

Hal's views on art or his uncle's plays became part of the fight.

Ymunodd credoau gwleidyddol Charles â'r ddadl hefyd.

Charles's political beliefs also entered the debate.

I Mercedes, roedd hyd yn oed clecs chwaer ei gŵr yn ymddangos yn berthnasol.

To Mercedes, even her husband's sister's gossip seemed relevant.

Mynegodd farn ar hynny ac ar lawer o ddiffygion teulu Charles.

She aired opinions on that and on many of Charles's family's flaws.

Tra roedden nhw'n dadlau, arhosodd y tân heb ei gynnau a'r gwersyll hanner gosod.

While they argued, the fire stayed unlit and camp half set.

Yn y cyfamser, roedd y cŵn yn parhau i fod yn oer a heb unrhyw fwyd.

Meanwhile, the dogs remained cold and without any food.

Roedd gan Mercedes gŵyn yr oedd hi'n ei hystyried yn bersonol iawn.

Mercedes held a grievance she considered deeply personal.

Teimlai hi'n cael ei cham-drin fel menyw, wedi cael ei gwadu ei breintiau tyner.

She felt mistreated as a woman, denied her gentle privileges.

Roedd hi'n bert ac yn feddal, ac wedi arfer â marchogion ar hyd ei hoes.

She was pretty and soft, and used to chivalry all her life.

Ond roedd ei gŵr a'i brawd bellach yn ei thrin â diffyg amynedd.

But her husband and brother now treated her with impatience.

Ei harfer oedd ymddwyn yn ddiymadferth, a dechreuon nhw gwyno.

Her habit was to act helpless, and they began to complain.

Wedi'i thramgwyddo gan hyn, gwnaeth hi eu bywydau hyd yn oed yn anoddach.

Offended by this, she made their lives all the more difficult.

Anwybyddodd y cŵn a mynnu reidio'r sled ei hun.

She ignored the dogs and insisted on riding the sled herself.

Er ei bod yn ysgafn o ran golwg, roedd hi'n pwyso cant ugain pwys.

Though light in looks, she weighed one hundred twenty pounds.

Roedd y baich ychwanegol hwnnw'n ormod i'r cŵn newynog, gwan.

That added burden was too much for the starving, weak dogs.

Serch hynny, roedd hi'n marchogaeth am ddyddiau, nes i'r cŵn gwympo yn yr awenau.

Still, she rode for days, until the dogs collapsed in the reins.

Safodd y sled yn llonydd, ac erfyniodd Charles a Hal arni i gerdded.

The sled stood still, and Charles and Hal begged her to walk.

Fe wnaethon nhw erfyn ac ymbil, ond fe wylodd hi a'u galw'n greulon.

They pleaded and entreated, but she wept and called them cruel.

Ar un achlysur, fe'i tynnon nhw oddi ar y sled gyda grym a dicter pur.

On one occasion, they pulled her off the sled with sheer force and anger.

Wnaethon nhw byth geisio eto ar ôl yr hyn a ddigwyddodd y tro hwnnw.

They never tried again after what happened that time.

Aeth hi'n llipa fel plentyn wedi'i ddifetha ac eisteddodd yn yr eira.

She went limp like a spoiled child and sat in the snow.

Symudon nhw ymlaen, ond gwrthododd hi godi na dilyn ar ei hôl hi.

They moved on, but she refused to rise or follow behind.

Ar ôl tair milltir, fe wnaethon nhw stopio, dychwelyd, a'i chario hi'n ôl.

After three miles, they stopped, returned, and carried her back.

Fe wnaethon nhw ei hail-lwytho hi ar y sled, gan ddefnyddio cryfder creulon unwaith eto.

They reloaded her onto the sled, again using brute strength.

Yn eu dioddefaint dwfn, roeddent yn ddi-hid i ddioddefaint y cŵn.

In their deep misery, they were callous to the dogs' suffering.

Credai Hal fod yn rhaid caledu a gorfododd y gred honno ar eraill.

Hal believed one must get hardened and forced that belief on others.

Ceisiodd bregethu ei athroniaeth i'w chwaer yn gyntaf

He first tried to preach his philosophy to his sister

ac yna, heb lwyddiant, pregethodd i'w frawd-yng-nghyfraith.

and then, without success, he preached to his brother-in-law.

Cafodd fwy o lwyddiant gyda'r cŵn, ond dim ond oherwydd iddo eu brifo.

He had more success with the dogs, but only because he hurt them.

Yn Five Fingers, rhedodd y bwyd cŵn allan yn llwyr.

At Five Fingers, the dog food ran out of food completely.

Gwerthodd hen sgwarc ddi-ddannedd ychydig bunnoedd o groen ceffyl wedi'i rewi

A toothless old squaw sold a few pounds of frozen horse-hide

Cyfnewidiodd Hal ei rifolfer am groen ceffyl sych.

Hal traded his revolver for the dried horse-hide.

Roedd y cig wedi dod gan geffylau newynog neu wartheg fisoedd ynghynt.

The meat had come from starved horses of cattlemen months before.

Wedi rhewi, roedd y croen fel haearn galfanedig; yn galed ac yn anfwytadwy.

Frozen, the hide was like galvanized iron; tough and inedible.

Roedd rhaid i'r cŵn gnoi'r croen yn ddiddiwedd i'w fwyta.

The dogs had to chew endlessly at the hide to eat it.

Ond prin oedd y llinynnau lledr a'r gwallt byr yn faeth.

But the leathery strings and short hair were hardly nourishment.

Roedd y rhan fwyaf o'r croen yn annifyr, ac nid bwyd mewn unrhyw ystyr wirioneddol.

Most of the hide was irritating, and not food in any true sense.

A thrwy'r cyfan, siglodd Buck ar y blaen, fel mewn hunllef.

And through it all, Buck staggered at the front, like in a nightmare.

Tynnodd pan allai; pan nad oedd, gorweddai nes i chwip neu glwb ei godi.

He pulled when able; when not, he lay until whip or club raised him.

Roedd ei gôt denau, sgleiniog wedi colli'r holl anystwythder a llewyrch a oedd ganddi unwaith.

His fine, glossy coat had lost all stiffness and sheen it once had.

Roedd ei wallt yn hongian yn llipa, yn llusgo, ac yn geulo â gwaed sych o'r ergydion.

His hair hung limp, draggled, and clotted with dried blood from the blows.

Cwympodd ei gyhyrau'n llinynnau, ac roedd ei badiau cnawd i gyd wedi treulio i ffwrdd.

His muscles shrank to cords, and his flesh pads were all worn away.

Roedd pob asen, pob asgwrn yn dangos yn glir trwy blygiadau o groen crychlyd.

Each rib, each bone showed clearly through folds of wrinkled skin.

Roedd yn dorcalonnus, ond ni allai calon Buck dorri.

It was heartbreaking, yet Buck's heart could not break.

Roedd y dyn yn y siwmper goch wedi profi hynny a'i brofi amser maith yn ôl.

The man in the red sweater had tested that and proved it long ago.

Fel yr oedd gyda Buck, felly yr oedd gyda'i holl gyd-chwaraewyr sy'n weddill.

As it was with Buck, so it was with all his remaining teammates.

Roedd saith i gyd, pob un yn sgerbwd cerdded o drallod.

There were seven in total, each one a walking skeleton of misery.

Roedden nhw wedi mynd yn ddideimlad i chwipio, gan deimlo poen pell yn unig.

They had grown numb to lash, feeling only distant pain.

Cyrhaeddodd hyd yn oed golwg a sain hwy'n wan, fel trwy niwl trwchus.

Even sight and sound reached them faintly, as through a thick fog.

Nid oeddent yn hanner byw—esgyrn oeddent gyda gwreichion pylu y tu mewn.

They were not half alive—they were bones with dim sparks inside.

Pan gawsant eu stopio, cwympasant fel cyrff, eu gwreichion bron â diflannu.

When stopped, they collapsed like corpses, their sparks almost gone.

A phan darodd y chwip neu'r clwb eto, byddai'r gwreichion yn fflapio'n wan.

And when the whip or club struck again, the sparks fluttered weakly.

Yna codasant, camu ymlaen, a llusgo eu haelodau ymlaen.

Then they rose, staggered forward, and dragged their limbs ahead.

Un diwrnod syrthiodd Billee caredig ac ni allai godi o gwbl mwyach.

One day kind Billee fell and could no longer rise at all.

Roedd Hal wedi cyfnewid ei rifolfer, felly defnyddiodd fwyell i ladd Billee yn lle.

Hal had traded his revolver, so he used an axe to kill Billee instead.

Trawodd ef ar ei ben, yna torrodd ei gorff yn rhydd a'i lusgo i ffwrdd.

He struck him on the head, then cut his body free and dragged it away.

Gwelodd Buck hyn, a gwnaeth y lleill hefyd; roedden nhw'n gwybod bod marwolaeth yn agos.

Buck saw this, and so did the others; they knew death was near.

Y diwrnod wedyn aeth Koona, gan adael dim ond pum ci yn y tîm llwglyd.

Next day Koona went, leaving just five dogs in the starving team.

Roedd Joe, heb fod yn gas mwyach, wedi mynd yn rhy bell i fod yn ymwybodol o lawer o gwbl.

Joe, no longer mean, was too far gone to be aware of much at all.

Prin oedd Pike, heb ffugio ei anaf mwyach, yn ymwybodol.

Pike, no longer faking his injury, was barely conscious.

Roedd Solleks, yn dal yn ffyddlon, yn galaru nad oedd ganddo nerth i roi.

Solleks, still faithful, mourned he had no strength to give.

Cafodd Teek ei guro fwyaf oherwydd ei fod yn fwy ffres, ond yn pylu'n gyflym.

Teek was beaten most because he was fresher, but fading fast.

Ac nid oedd Buck, yn dal ar y blaen, yn cadw trefn nac yn ei gorfodi mwyach.

And Buck, still in the lead, no longer kept order or enforced it.

Yn hanner dall gyda gwendid, dilynodd Buck y llwybr ar ei ben ei hun.

Half blind with weakness, Buck followed the trail by feel alone.

Roedd hi'n dywydd gwanwyn hyfryd, ond wnaeth yr un ohonyn nhw sylwi arno.

It was beautiful spring weather, but none of them noticed it.

Bob dydd roedd yr haul yn codi'n gynharach ac yn machlud yn hwyrach nag o'r blaen.

Each day the sun rose earlier and set later than before.

Erbyn tri o'r gloch y bore, roedd y wawr wedi dod; parhaodd y cyfnos tan naw.

By three in the morning, dawn had come; twilight lasted till nine.

Llenwyd y dyddiau hir â llewyrch llawn heulwen y gwanwyn.

The long days were filled with the full blaze of spring sunshine.

Roedd tawelwch ysbrydol y gaeaf wedi newid yn sibrwd cynnes.

The ghostly silence of winter had changed into a warm murmur.

Roedd yr holl dir yn deffro, yn fyw gyda llawenydd pethau byw.

All the land was waking, alive with the joy of living things.

Daeth y sain o'r hyn a oedd wedi gorwedd yn farw ac yn llonydd drwy'r gaeaf.

The sound came from what had lain dead and still through winter.

Nawr, symudodd y pethau hynny eto, gan ysgwyd y cwsg rhewllyd hir i ffwrdd.

Now, those things moved again, shaking off the long frost sleep.

Roedd sudd yn codi trwy foncyffion tywyll y coed pinwydd oedd yn aros.

Sap was rising through the dark trunks of the waiting pine trees.

Mae helyg ac aethnen yn byrstio allan blagur ifanc llachar ar bob cangen.

Willows and aspens burst out bright young buds on each twig.

Gwisgodd llwyni a gwinwydd wyrdd ffres wrth i'r coed ddod yn fyw.

Shrubs and vines put on fresh green as the woods came alive.

Roedd cricediaid yn tincian yn y nos, a phryfed yn cropian yn haul golau dydd.

Crickets chirped at night, and bugs crawled in daylight sun.

Roedd petrisod yn byrlymu, a chnocellod yn curo'n ddwfn yn y coed.

Partridges boomed, and woodpeckers knocked deep in the trees.

Roedd gwiwerod yn clebran, roedd adar yn canu, a gwyddau'n honcio dros y cŵn.

Squirrels chattered, birds sang, and geese honked over the dogs.

Daeth yr adar gwyllt mewn lletemau miniog, gan hedfan i fyny o'r de.

The wild-fowl came in sharp wedges, flying up from the south.

O bob bryn daeth cerddoriaeth nentydd cudd, rhuthro.

From every hillside came the music of hidden, rushing streams.

Dadmerodd popeth a thorrodd, plygodd a byrstio yn ôl i symud.

All things thawed and snapped, bent and burst back into motion.

Ymdrechodd yr Yukon i dorri cadwyni oer y rhew wedi rhewi.

The Yukon strained to break the cold chains of frozen ice.

Toddodd y rhew oddi tano, tra bod yr haul yn ei doddi oddi uchod.

The ice melted underneath, while the sun melted it from above.

Agorodd tyllau aer, lledaenodd craciau, a syrthiodd darnau i'r afon.

Air-holes opened, cracks spread, and chunks fell into the river.

Ynghanol yr holl fywyd prysur a thanllyd hwn, roedd y teithwyr yn siglo.

Amid all this bursting and blazing life, the travelers staggered.

Cerddodd dau ddyn, menyw, a heidiau o gŵn husk fel y meirw.

Two men, a woman, and a pack of huskies walked like the dead.

Roedd y cŵn yn cwympo, roedd Mercedes yn wylo, ond yn dal i reidio'r sled.

The dogs were falling, Mercedes wept, but still rode the sled.

Melltithiodd Hal yn wan, a blinciodd Charles trwy lygaid dyfrio.

Hal cursed weakly, and Charles blinked through watering eyes.

Fe wnaethon nhw faglu i mewn i wersyll John Thornton wrth aber Afon Gwyn.

They stumbled into John Thornton's camp by White River's mouth.

Pan stopion nhw, syrthiodd y cŵn yn fflat, fel pe baent i gyd wedi marw.

When they stopped, the dogs dropped flat, as if all struck dead.

Sychodd Mercedes ei dagrau ac edrychodd ar draws at John Thornton.

Mercedes wiped her tears and looked across at John Thornton.

Eisteddodd Charles ar foncyff, yn araf ac yn stiff, yn boenus o'r llwybr.

Charles sat on a log, slowly and stiffly, aching from the trail.

Hal wnaeth y siarad wrth i Thornton gerfio pen handlen bwyell.

Hal did the talking as Thornton carved the end of an axe-handle.

Naddodd bren bedw ac atebodd gydag atebion byr, cadarn.

He whittled birch wood and answered with brief, firm replies.

Pan ofynnwyd iddo, rhoddodd gyngor, yn sicr na fyddai'n cael ei ddilyn.

When asked, he gave advice, certain it wasn't going to be followed.

Esboniodd Hal, "Dywedon nhw wrthon ni fod iâ'r llwybr yn cwympo allan."

Hal explained, "They told us the trail ice was dropping out."

"Dywedon nhw y dylen ni aros lle rydyn ni—ond fe gyrhaeddon ni Afon Wen."

"They said we should stay put—but we made it to White River."

Gorffennodd gyda thôn watwarus, fel pe bai'n hawlio buddugoliaeth mewn caledi.

He ended with a sneering tone, as if to claim victory in hardship.

"A dywedon nhw'r gwir wrthych chi," atebodd John Thornton i Hal yn dawel.

"And they told you true," John Thornton answered Hal quietly.

"Gall yr iâ ildio ar unrhyw adeg—mae'n barod i ddisgyn allan."

"The ice may give way at any moment—it's ready to drop out."

"Dim ond lwc ddall a ffyliaid allai fod wedi cyrraedd mor bell â hyn yn fyw."

"Only blind luck and fools could have made it this far alive."

"Rwy'n dweud yn blwmp ac yn blaen wrthych chi, fyddwn i ddim yn peryglu fy mywyd dros holl aur Alaska."

"I tell you straight, I wouldn't risk my life for all Alaska's gold."

"Dyna oherwydd nad wyt ti'n ffŵl, mae'n debyg," atebodd Hal.

"That's because you're not a fool, I suppose," Hal answered.

"Serch hynny, awn ymlaen at Dawson." Datgochodd ei chwip.

"All the same, we'll go on to Dawson." He uncoiled his whip.

"Cod i fyny yna, Buck! Helo! Cod i fyny! Dos ymlaen!" gwaeddodd yn llym.

"Get up there, Buck! Hi! Get up! Go on!" he shouted harshly.

Daliodd Thornton ati i naddu, gan wybod na fyddai ffyliaid yn gwrando ar reswm.

Thornton kept whittling, knowing fools won't hear reason.

Roedd atal ffŵl yn ofer—ac ni newidiodd dau neu dri o bobl wedi cael eu twyllo ddim.

To stop a fool was futile—and two or three fooled changed nothing.

Ond ni symudodd y tîm wrth sŵn gorchymyn Hal.

But the team didn't move at the sound of Hal's command.

Erbyn hyn, dim ond ergydion allai eu gwneud yn codi a thynnu ymlaen.

By now, only blows could make them rise and pull forward.

Cleciaodd y chwip dro ar ôl tro ar draws y cŵn gwanedig.

The whip snapped again and again across the weakened dogs.

Gwasgodd John Thornton ei wefusau'n dynn a gwylio mewn distawrwydd.

John Thornton pressed his lips tightly and watched in silence.

Solleks oedd y cyntaf i gropian i'w draed o dan y chwip.

Solleks was the first to crawl to his feet under the lash.

Yna dilynodd Teek, yn crynu. Gwaeddodd Joe wrth iddo faglu i fyny.

Then Teek followed, trembling. Joe yelped as he stumbled up.

Ceisiodd Pike godi, methodd ddwywaith, yna safodd yn ansicr o'r diwedd.

Pike tried to rise, failed twice, then finally stood unsteadily.

Ond gorweddodd Buck lle'r oedd wedi syrthio, heb symud o gwbl y tro hwn.

But Buck lay where he had fallen, not moving at all this time.

Trawodd y chwip ef dro ar ôl tro, ond ni wnaeth unrhyw sŵn.

The whip slashed him over and over, but he made no sound.

Ni wnaeth grynu na gwrthsefyll, dim ond arhosodd yn llonydd ac yn dawel.

He did not flinch or resist, simply remained still and quiet.

Trowodd Thornton fwy nag unwaith, fel pe bai'n siarad, ond wnaeth e ddim.

Thornton stirred more than once, as if to speak, but didn't.

Gwlychodd ei lygaid, ac roedd y chwip yn dal i gracio yn erbyn Buck.

His eyes grew wet, and still the whip cracked against Buck.

O'r diwedd, dechreuodd Thornton gerdded yn araf, yn ansicr beth i'w wneud.

At last, Thornton began pacing slowly, unsure of what to do.

Dyma'r tro cyntaf i Buck fethu, a daeth Hal yn gandryll.

It was the first time Buck had failed, and Hal grew furious.

Taflodd y chwip i lawr a chodi'r clwb trwm yn lle hynny.

He threw down the whip and picked up the heavy club instead.

Daeth y clwb pren i lawr yn galed, ond ni chododd Buck i symud o hyd.

The wooden club came down hard, but Buck still did not rise to move.

Fel ei gyd-chwaraewyr, roedd yn rhy wan — ond yn fwy na hynny.

Like his teammates, he was too weak — but more than that.

Roedd Buck wedi penderfynu peidio â symud, beth bynnag a ddeuai nesaf.

Buck had decided not to move, no matter what came next.

Teimlodd rywbeth tywyll a sicr yn hofran ychydig o'i flaen.

He felt something dark and certain hovering just ahead.

Cipiodd yr ofn hwnnw ef cyn gynted ag y cyrhaeddodd lan yr afon.

That dread had seized him as soon as he reached the riverbank.

Nid oedd y teimlad wedi ei adael ers iddo deimlo'r iâ yn denau o dan ei bawennau.

The feeling had not left him since he felt the ice thin under his paws.

Roedd rhywbeth ofnadwy yn aros — teimlai e i lawr y llwybr.

Something terrible was waiting — he felt it just down the trail.

Doedd e ddim am gerdded tuag at y peth ofnadwy hwnnw oedd o'i flaen

He wasn't going to walk towards that terrible thing ahead

Nid oedd yn mynd i ufuddhau i unrhyw orchymyn a'i harweiniai at y peth hwnnw.

He was not going to obey any command that took him to that thing.

Prin y cyffyrddodd poen yr ergydion ag ef bellach — roedd wedi mynd yn rhy bell.

The pain of the blows hardly touched him now — he was too far gone.

Fflachiodd gwreichionen bywyd yn isel, wedi'i pylu o dan bob ergyd greulon.

The spark of life flickered low, dimmed beneath each cruel strike.

Teimlai ei aelodau'n bell; roedd ei gorff cyfan fel pe bai'n perthyn i rywun arall.

His limbs felt distant; his whole body seemed to belong to another.

Teimlodd fferdod rhyfedd wrth i'r boen ddiflannu'n llwyr.

He felt a strange numbness as the pain faded out completely.

O bell, roedd yn teimlo ei fod yn cael ei guro, ond prin y gwyddai.

From far away, he sensed he was being beaten, but barely knew.

Gallai glywed y twrw'n wan, ond nid oeddent yn brifo mewn gwirionedd mwyach.

He could hear the thuds faintly, but they no longer truly hurt.

Glaniodd yr ergydion, ond nid oedd ei gorff yn teimlo fel ei gorff ei hun mwyach.

The blows landed, but his body no longer seemed like his own.

Yna'n sydyn, heb rybudd, rhoddodd John Thornton waedd wyllt.

Then suddenly, without warning, John Thornton gave a wild cry.

Roedd yn aneglur, yn fwy o gri bwystfil nag o ddyn.

It was inarticulate, more the cry of a beast than of a man.

Neidiodd at y dyn gyda'r clwb a tharo Hal yn ôl.

He leapt at the man with the club and knocked Hal backward.

Hedfanodd Hal fel pe bai wedi'i daro gan goeden, gan lanio'n galed ar y ddaear.

Hal flew as if struck by a tree, landing hard upon the ground.

Gwaeddodd Mercedes yn uchel mewn panig a gafael yn ei hwyneb.

Mercedes screamed aloud in panic and clutched at her face.

Dim ond edrych ymlaen a wnaeth Charles, sychodd ei lygaid, ac arhosodd yn eistedd.

Charles only looked on, wiped his eyes, and stayed seated.

Roedd ei gorff yn rhy stiff gan boen i godi na helpu yn yr ymladd.

His body was too stiff with pain to rise or help in the fight.

Safodd Thornton uwchben Buck, yn crynu gan gynddaredd, yn methu siarad.

Thornton stood over Buck, trembling with fury, unable to speak.

Crynodd gyda chynddaredd ac ymladdodd i ddod o hyd i'w lais drwyddo.

He shook with rage and fought to find his voice through it.

"Os wyt ti'n taro'r ci yna eto, byddaf yn dy ladd di," meddai o'r diwedd.

"If you strike that dog again, I'll kill you," he finally said.

Sychodd Hal waed o'i geg a daeth ymlaen eto.

Hal wiped blood from his mouth and came forward again.

"Fy nghi i ydy o," sibrydodd. "Ewch o'r ffordd, neu mi wna i eich trwsio chi."

"It's my dog," he muttered. "Get out of the way, or I'll fix you."

"Dw i'n mynd i Dawson, a dydych chi ddim yn fy atal," ychwanegodd.

"I'm going to Dawson, and you're not stopping me," he added.

Safodd Thornton yn gadarn rhwng Buck a'r dyn ifanc blin.

Thornton stood firm between Buck and the angry young man.

Nid oedd ganddo unrhyw fwriad i gamu o'r neilltu na gadael i Hal fynd heibio.

He had no intention of stepping aside or letting Hal pass.

Tynnodd Hal ei gyllell hela allan, yn hir ac yn beryglus yn ei law.

Hal pulled out his hunting knife, long and dangerous in hand.

Sgrechiodd Mercedes, yna criodd, yna chwarddodd mewn hysteria gwyllt.

Mercedes screamed, then cried, then laughed in wild hysteria.

Trawodd Thornton law Hal â choes ei fwyell, yn galed ac yn gyflym.

Thornton struck Hal's hand with his axe-handle, hard and fast.

Cafodd y gyllell ei tharo'n rhydd o afael Hal a hedfanodd i'r llawr.

The knife was knocked loose from Hal's grip and flew to the ground.

Ceisiodd Hal godi'r gyllell, a tharodd Thornton ei migyrnau eto.

Hal tried to pick the knife up, and Thornton rapped his knuckles again.

Yna plygodd Thornton i lawr, gafaelodd yn y gyllell, a'i dal.

Then Thornton stooped down, grabbed the knife, and held it.

Gyda dau doriad cyflym o goes y fwyell, torrodd awenau Buck.

With two quick chops of the axe-handle, he cut Buck's reins.

Nid oedd gan Hal unrhyw ymladd ar ôl ynddo a chamodd yn ôl oddi wrth y ci.

Hal had no fight left in him and stepped back from the dog.

Heblaw, roedd angen y ddwy fraich ar Mercedes nawr i'w chadw'n unionsyth.

Besides, Mercedes needed both arms now to keep her upright.

Roedd Buck yn rhy agos at farwolaeth i fod o ddefnydd i dynnu sled eto.

Buck was too near death to be of use for pulling a sled again.

Ychydig funudau'n ddiweddarach, fe wnaethon nhw dynnu allan, gan anelu i lawr yr afon.

A few minutes later, they pulled out, heading down the river.

Cododd Buck ei ben yn wan a'u gwylio nhw'n gadael y banc.

Buck raised his head weakly and watched them leave the bank.

Pike oedd ar y blaen yn y tîm, gyda Solleks yn y cefn yn y safle olwyn.

Pike led the team, with Solleks at the rear in the wheel spot.

Cerddodd Joe a Teek rhyngddynt, y ddau yn cloffi o flinder.

Joe and Teek walked between, both limping with exhaustion.

Eisteddodd Mercedes ar y sled, a gafaelodd Hal yn y polyn hir.

Mercedes sat on the sled, and Hal gripped the long gee-pole.

Baglodd Charles y tu ôl, ei gamau'n lletchwith ac yn ansicr.

Charles stumbled behind, his steps clumsy and uncertain.

Penliniodd Thornton wrth ymyl Buck a theimlo'n ysgafn am esgyrn wedi torri.

Thornton knelt by Buck and gently felt for broken bones.

Roedd ei ddwylo'n arw ond yn symud gyda charedigrwydd a gofal.

His hands were rough but moved with kindness and care.

Roedd corff Buck wedi'i gleisio ond nid oedd unrhyw anaf parhaol yn cael ei ddangos.

Buck's body was bruised but showed no lasting injury.

Yr hyn a arhosodd oedd newyn ofnadwy a gwendid bron yn llwyr.

What remained was terrible hunger and near-total weakness.

Erbyn i hyn fod yn glir, roedd y sled wedi mynd ymhell i lawr yr afon.

By the time this was clear, the sled had gone far downriver.

Gwyliodd y dyn a'r ci y sled yn cropian yn araf dros y rhew oedd yn cracio.

Man and dog watched the sled slowly crawl over the cracking ice.

Yna, gwelsant y sled yn suddo i lawr i bant.

Then, they saw the sled sink down into a hollow.

Hedfanodd y polyn gee i fyny, gyda Hal yn dal i lynu wrtho yn ofer.

The gee-pole flew up, with Hal still clinging to it in vain.

Cyrhaeddodd sgrech Mercedes atynt ar draws y pellter oer.

Mercedes's scream reached them across the cold distance.

Trodd Charles a cham·u yn ôl—ond roedd yn rhy hwyr.

Charles turned and stepped back—but he was too late.

Rhoddodd llen iâ gyfan ffordd, a syrthiasant i gyd drwodd.

A whole ice sheet gave way, and they all dropped through.

Diflannodd cŵn, sled, a phobl i'r dŵr du isod.

Dogs, sled, and people vanished into the black water below.

Dim ond twll llydan yn yr iâ oedd ar ôl lle roedden nhw wedi pasio.

Only a wide hole in the ice was left where they had passed.

Roedd gwaelod y llwybr wedi cwympo allan—yn union fel y rhybuddiodd Thornton.

The trail's bottom had dropped out—just as Thornton warned.

Edrychodd Thornton a Buck ar ei gilydd, yn dawel am eiliad.

Thornton and Buck looked at one another, silent for a moment.

"Ti ddiawl tlawd," meddai Thornton yn feddal, a llyfu Buck ei law.

"You poor devil," said Thornton softly, and Buck licked his hand.

Er Cariad Dyn
For the Love of a Man

Rhewodd John Thornton ei draed yn oerfel y mis Rhagfyr blaenorol.
John Thornton froze his feet in the cold of the previous December.

Gwnaeth ei bartneriaid iddo fod yn gyfforddus a'i adael i wella ar ei ben ei hun.
His partners made him comfortable and left him to recover alone.

Aethant i fyny'r afon i gasglu llu o foncyffion llifio i Dawson.
They went up the river to gather a raft of saw-logs for Dawson.

Roedd yn dal i gloffi ychydig pan achubodd Buck rhag marwolaeth.
He was still limping slightly when he rescued Buck from death.

Ond gyda'r tywydd cynnes yn parhau, diflannodd hyd yn oed y cloffni hwnnw.
But with warm weather continuing, even that limp disappeared.

Gan orwedd wrth lan yr afon yn ystod dyddiau hir y gwanwyn, gorffwysodd Buck.
Lying by the riverbank during long spring days, Buck rested.

Gwyliodd y dŵr yn llifo a gwrando ar adar a phryfed.
He watched the flowing water and listened to birds and insects.

Yn araf bach, adennillodd Buck ei nerth o dan yr haul a'r awyr.
Slowly, Buck regained his strength under the sun and sky.

Roedd gorffwys yn teimlo'n hyfryd ar ôl teithio tair mil o filltiroedd.
A rest felt wonderful after traveling three thousand miles.

Daeth Buck yn ddiog wrth i'w glwyfau wella a'i gorff lenwi.

Buck became lazy as his wounds healed and his body filled out.

Tyfodd ei gyhyrau'n gadarn, a dychwelodd cnawd i orchuddio ei esgyrn.

His muscles grew firm, and flesh returned to cover his bones.

Roedden nhw i gyd yn gorffwys—Buck, Thornton, Skeet, a Nig.

They were all resting—Buck, Thornton, Skeet, and Nig.

Fe wnaethon nhw aros am y rafft oedd yn mynd i'w cario nhw i lawr i Dawson.

They waited for the raft that was going to carry them down to Dawson.

Ci bach Gwyddelig oedd Skeet a wnaeth ffrindiau gyda Buck.

Skeet was a small Irish setter who made friends with Buck.

Roedd Buck yn rhy wan ac yn rhy sâl i'w gwrthsefyll yn eu cyfarfod cyntaf.

Buck was too weak and ill to resist her at their first meeting.

Roedd gan Skeet y nodwedd iachäwr sydd gan rai cŵn yn naturiol.

Skeet had the healer trait that some dogs naturally possess.

Fel mam gath, roedd hi'n llyfu a glanhau clwyfau crai Buck.

Like a mother cat, she licked and cleaned Buck's raw wounds.

Bob bore ar ôl brecwast, ailadroddodd ei gwaith gofalus.

Every morning after breakfast, she repeated her careful work.

Daeth Buck i ddisgwyl ei chymorth hi cymaint ag yr oedd yn disgwyl cymorth Thornton.

Buck came to expect her help as much as he did Thornton's.

Roedd Nig yn gyfeillgar hefyd, ond yn llai agored a llai cariadus.

Nig was friendly too, but less open and less affectionate.

Ci du mawr oedd Nig, rhan gi gwaed a rhan gi ceirw.

Nig was a big black dog, part bloodhound and part deerhound.

Roedd ganddo lygaid chwerthinllyd a natur dda ddiddiwedd yn ei ysbryd.

He had laughing eyes and endless good nature in his spirit.

Er syndod i Buck, ni ddangosodd y naill gi na'r llall genfigen tuag ato.

To Buck's surprise, neither dog showed jealousy toward him.

Rhannodd Skeet a Nig garedigrwydd John Thornton.

Both Skeet and Nig shared the kindness of John Thornton.

Wrth i Buck fynd yn gryfach, fe wnaethon nhw ei ddenu i gemau cŵn ffôl.

As Buck got stronger, they lured him into foolish dog games.

Byddai Thornton yn aml yn chwarae gyda nhw hefyd, heb allu gwrthsefyll eu llawenydd.

Thornton often played with them too, unable to resist their joy.

Yn y ffordd chwareus hon, symudodd Buck o salwch i fywyd newydd.

In this playful way, Buck moved from illness to a new life.

Cariad—cariad gwir, llosg, ac angerddol—oedd yn eiddo iddo o'r diwedd.

Love—true, burning, and passionate love—was his at last.

Nid oedd erioed wedi adnabod y math hwn o gariad yn ystâd Miller.

He had never known this kind of love at Miller's estate.

Gyda meibion y Barnwr, roedd wedi rhannu gwaith ac antur.

With the Judge's sons, he had shared work and adventure.

Gyda'r wyrion, gwelodd falchder anystwyth a broliog.

With the grandsons, he saw stiff and boastful pride.

Gyda'r Barnwr Miller ei hun, roedd ganddo gyfeillgarwch parchus.

With Judge Miller himself, he had a respectful friendship.

Ond daeth cariad a oedd yn dân, yn wallgofrwydd, ac yn addoliad gyda Thornton.

But love that was fire, madness, and worship came with Thornton.

Roedd y dyn hwn wedi achub bywyd Buck, ac roedd hynny yn unig yn golygu llawer iawn.

This man had saved Buck's life, and that alone meant a great deal.

Ond yn fwy na hynny, John Thornton oedd y math delfrydol o feistr.

But more than that, John Thornton was the ideal kind of master.

Roedd dynion eraill yn gofalu am gŵn allan o ddyletswydd neu angen busnes.

Other men cared for dogs out of duty or business necessity.

Roedd John Thornton yn gofalu am ei gŵn fel pe baent yn blant iddo.

John Thornton cared for his dogs as if they were his children.

Roedd yn gofalu amdanyn nhw oherwydd ei fod yn eu caru ac yn syml ni allai ei helpu.

He cared for them because he loved them and simply could not help it.

Gwelodd John Thornton hyd yn oed ymhellach nag y llwyddodd y rhan fwyaf o ddynion erioed i'w weld.

John Thornton saw even further than most men ever managed to see.

Ni anghofiodd byth eu cyfarch yn garedig na dweud gair calonogol.

He never forgot to greet them kindly or speak a cheering word.

Roedd wrth ei fodd yn eistedd i lawr gyda'r cŵn am sgyrsiau hir, neu "gassy," fel y dywedodd.

He loved sitting down with the dogs for long talks, or "gassy," as he said.

Roedd yn hoffi gafael ym mhen Buck yn arw rhwng ei ddwylo cryfion.

He liked to seize Buck's head roughly between his strong hands.

Yna gorffwysodd ei ben ei hun yn erbyn pen Buck a'i ysgwyd yn ysgafn.

Then he rested his own head against Buck's and shook him gently.

Drwy'r amser, galwodd Buck enwau anghwrtais a oedd yn golygu cariad i Buck.

All the while, he called Buck rude names that meant love to Buck.

I Buck, daeth y cofleidiad garw hwnnw a'r geiriau hynny â llawenydd dwfn.

To Buck, that rough embrace and those words brought deep joy.

Roedd ei galon fel petai'n crynu'n rhydd gan hapusrwydd gyda phob symudiad.

His heart seemed to shake loose with happiness at each movement.

Pan neidiodd i fyny wedyn, roedd ei geg yn edrych fel pe bai'n chwerthin.

When he sprang up afterward, his mouth looked like it laughed.

Roedd ei lygaid yn disgleirio'n llachar a'i wddf yn crynu gan lawenydd aneiriol.

His eyes shone brightly and his throat trembled with unspoken joy.

Safodd ei wên yn llonydd yn y cyflwr hwnnw o emosiwn a hoffter tywynnol.

His smile stood still in that state of emotion and glowing affection.

Yna gwaeddodd Thornton yn feddylgar, "Duw! mae bron yn gallu siarad!"

Then Thornton exclaimed thoughtfully, "God! he can almost speak!"

Roedd gan Buck ffordd ryfedd o fynegi cariad a oedd bron â achosi poen.

Buck had a strange way of expressing love that nearly caused pain.

Yn aml, byddai'n gafael yn llaw Thornton yn dynn iawn yn ei ddannedd.

He often griped Thornton's hand in his teeth very tightly.

Roedd y brathiad yn mynd i adael marciau dwfn a arhosodd am beth amser wedyn.

The bite was going to leave deep marks that stayed for some time after.

Credai Buck mai cariad oedd y llwon hynny, ac roedd
Thornton yn gwybod yr un peth.

Buck believed those oaths were love, and Thornton knew the
same.

Yn amlaf, dangoswyd cariad Buck mewn addoliad tawel,
bron yn ddistaw.

Most often, Buck's love showed in quiet, almost silent
adoration.

Er ei fod wrth ei fodd pan fyddai'n cael ei gyffwrdd neu ei
siarad ag ef, nid oedd yn ceisio sylw.

Though thrilled when touched or spoken to, he did not seek
attention.

Gwthiodd Skeet ei thrwyn o dan law Thornton nes iddo ei
hanwesu.

Skeet nudged her nose under Thornton's hand until he petted
her.

Cerddodd Nig i fyny'n dawel a gorffwys ei ben mawr ar lin
Thornton.

Nig walked up quietly and rested his large head on
Thornton's knee.

Roedd Buck, mewn cyferbyniad, yn fodlon caru o bellter
parchus.

Buck, in contrast, was satisfied to love from a respectful
distance.

Gorweddodd am oriau wrth draed Thornton, yn effro ac yn
gwylio'n ofalus.

He lied for hours at Thornton's feet, alert and watching
closely.

Astudiodd Buck bob manylyn o wyneb ei feistr a'r
symudiad lleiaf.

Buck studied every detail of his master's face and slightest
motion.

Neu wedi dweud celwydd ymhellach i ffwrdd, gan astudio
siâp y dyn mewn distawrwydd.

Or lied farther away, studying the man's shape in silence.

Gwyliodd Buck bob symudiad bach, pob newid mewn
ystum neu ystum.

Buck watched each small move, each shift in posture or gesture.

Mor bwerus oedd y cysylltiad hwn nes iddo aml dynnu golwg Thornton.

So powerful was this connection that often pulled Thornton's gaze.

Cyfarfu â llygaid Buck heb eiriau, cariad yn disgleirio'n glir drwyddo.

He met Buck's eyes with no words, love shining clearly through.

Am gyfnod hir ar ôl cael ei achub, ni adawodd Buck Thornton o'i olwg erioed.

For a long while after being saved, Buck never let Thornton out of sight.

Pryd bynnag y byddai Thornton yn gadael y babell, byddai Buck yn ei ddilyn yn agos y tu allan.

Whenever Thornton left the tent, Buck followed him closely outside.

Roedd yr holl feistri llym yn y Gogledd wedi gwneud i Buck ofni ymddiried.

All the harsh masters in the Northland had made Buck afraid to trust.

Ofnai na allai unrhyw ddyn aros yn feistr arno am fwy nag amser byr.

He feared no man could remain his master for more than a short time.

Roedd yn ofni y byddai John Thornton yn diflannu fel Perrault a François.

He feared John Thornton was going to vanish like Perrault and François.

Hyd yn oed yn y nos, roedd yr ofn o'i golli yn aflonyddu ar gwsg aflonydd Buck.

Even at night, the fear of losing him haunted Buck's restless sleep.

Pan ddeffrodd Buck, sleifiodd allan i'r oerfel, ac aeth at y babell.

When Buck woke, he crept out into the cold, and went to the tent.

Gwrandawodd yn ofalus am sŵn meddal anadlu y tu mewn.

He listened carefully for the soft sound of breathing inside.

Er gwaethaf cariad dwfn Buck at John Thornton, arhosodd y gwyllt yn fyw.

Despite Buck's deep love for John Thornton, the wild stayed alive.

Ni ddiflannodd y reddf gyntefig honno, a ddeffrodd yn y Gogledd.

That primitive instinct, awakened in the North, did not disappear.

Daeth cariad â ymroddiad, teyrngarwch, a chwlwm cynnes ochr y tân.

Love brought devotion, loyalty, and the fire-side's warm bond.

Ond cadwodd Buck ei reddfau gwyllt hefyd, yn finiog ac yn effro bob amser.

But Buck also kept his wild instincts, sharp and ever alert.

Nid anifail anwes dof o diroedd meddal gwareiddiad yn unig ydoedd.

He was not just a tamed pet from the soft lands of civilization.

Roedd Buck yn greadur gwyllt a oedd wedi dod i mewn i eistedd wrth dân Thornton.

Buck was a wild being who had come in to sit by Thornton's fire.

Roedd yn edrych fel ci o'r De, ond roedd gwylltineb yn byw ynddo.

He looked like a Southland dog, but wildness lived within him.

Roedd ei gariad at Thornton yn rhy fawr i ganiatáu lladrad oddi wrth y dyn.

His love for Thornton was too great to allow theft from the man.

Ond mewn unrhyw wersyll arall, byddai'n dwyn yn feiddgar a heb oedi.

But in any other camp, he would steal boldly and without pause.

Roedd mor glyfar wrth ddwyn fel na allai neb ei ddal na'i gyhuddo.

He was so clever in stealing that no one could catch or accuse him.

Roedd ei wyneb a'i gorff wedi'u gorchuddio â chreithiau o lawer o ymladdfeydd yn y gorffennol.

His face and body were covered in scars from many past fights.

Roedd Buck yn dal i ymladd yn ffyrnig, ond nawr roedd yn ymladd â mwy o gyfrwystra.

Buck still fought fiercely, but now he fought with more cunning.

Roedd Skeet a Nig yn rhy addfwyn i ymladd, ac roedden nhw'n eiddo i Thornton.

Skeet and Nig were too gentle to fight, and they were Thornton's.

Ond unrhyw gi dieithr, ni waeth pa mor gryf neu ddewr, ildiodd.

But any strange dog, no matter how strong or brave, gave way.

Fel arall, byddai'r ci yn brwydro yn erbyn Buck; yn ymladd am ei fywyd.

Otherwise, the dog found itself battling Buck; fighting for its life.

Ni chafodd Buck drugaredd unwaith iddo ddewis ymladd yn erbyn ci arall.

Buck had no mercy once he chose to fight against another dog.

Roedd wedi dysgu cyfraith clwb a fang yn dda yn y Gogledd.

He had learned well the law of club and fang in the Northland.

Ni ildiodd fantais erioed ac ni giliai byth yn ôl o'r frwydr.

He never gave up an advantage and never backed away from battle.

Roedd wedi astudio Spitz a chŵn mwyaf ffyrnig y post a'r heddlu.

He had studied Spitz and the fiercest dogs of mail and police.

Roedd yn gwybod yn glir nad oedd tir canol mewn brwydr wyllt.

He knew clearly there was no middle ground in wild combat.

Rhaid iddo deyrnasu neu gael ei deyrnasu; roedd dangos trugaredd yn golygu dangos gwendid.

He must rule or be ruled; showing mercy meant showing weakness.

Roedd trugaredd yn anhysbys ym myd crai a chreulon goroesi.

Mercy was unknown in the raw and brutal world of survival.

Ystyriwyd dangos trugaredd fel ofn, ac arweiniodd ofn yn gyflym at farwolaeth.

To show mercy was seen as fear, and fear led quickly to death.

Roedd yr hen gyfraith yn syml: lladd neu gael eich lladd, bwyta neu gael eich bwyta.

The old law was simple: kill or be killed, eat or be eaten.

Daeth y gyfraith honno o ddyfnderoedd amser, a dilynodd Buck hi'n llwyr.

That law came from the depths of time, and Buck followed it fully.

Roedd Buck yn hŷn na'i flynyddoedd a nifer yr anadliadau a gymerodd.

Buck was older than his years and the number of breaths he took.

Cysylltodd y gorffennol hynafol â'r foment bresennol yn glir.

He connected the ancient past with the present moment clearly.

Symudodd rhythmau dwfn yr oesoedd drwyddo fel y llanw.

The deep rhythms of the ages moved through him like the tides.

Pwlsiodd amser yn ei waed mor sicr ag y symudodd tymhorau'r ddaear.

Time pulsed in his blood as surely as seasons moved the earth.

Eisteddodd wrth dân Thornton, â bron gref a dannedd gwyn.

He sat by Thornton's fire, strong-chested and white-fanged.

Roedd ei ffwr hir yn chwifio, ond y tu ôl iddo roedd ysbrydion cŵn gwyllt yn gwylio.

His long fur waved, but behind him the spirits of wild dogs watched.

Deffrodd hanner bleiddiaid a bleiddiaid llawn yn ei galon a'i synhwyrau.

Half-wolves and full wolves stirred within his heart and senses.

Fe wnaethon nhw flasu ei gig ac yfed yr un dŵr ag y gwnaeth ef.

They tasted his meat and drank the same water that he did.

Fe wnaethon nhw arogli'r gwynt wrth ei ochr a gwrando ar y goedwig.

They sniffed the wind alongside him and listened to the forest.

Sibrydasant ystyron y synau gwyllt yn y tywyllwch.

They whispered the meanings of the wild sounds in the darkness.

Roedden nhw'n llunio ei hwyliau ac yn arwain pob un o'i ymatebion tawel.

They shaped his moods and guided each of his quiet reactions.

Fe wnaethon nhw orwedd gydag ef wrth iddo gysgu a daethant yn rhan o'i freuddwydion dwfn.

They lay with him as he slept and became part of his deep dreams.

Breuddwydion nhw gydag ef, y tu hwnt iddo, a ffurfio ei ysbryd ei hun.

They dreamed with him, beyond him, and made up his very spirit.

Galwodd ysbrydion y gwyllt mor gryf nes i Buck deimlo'n cael ei dynnu.

The spirits of the wild called so strongly that Buck felt pulled.

Bob dydd, roedd dynolryw a'i hawliadau'n gwannach yng nghalon Buck.

Each day, mankind and its claims grew weaker in Buck's heart.

Yn ddwfn yn y goedwig, roedd galwad ryfedd a chyffrous ar fin codi.

Deep in the forest, a strange and thrilling call was going to rise.

Bob tro y byddai'n clywed yr alwad, byddai Buck yn teimlo ysfa na allai ei gwrthsefyll.

Every time he heard the call, Buck felt an urge he could not resist.

Roedd yn mynd i droi oddi wrth y tân ac oddi wrth lwybrau dynol wedi'u curo.

He was going to turn from the fire and from the beaten human paths.

Roedd yn mynd i blymio i'r goedwig, gan fynd ymlaen heb wybod pam.

He was going to plunge into the forest, going forward without knowing why.

Ni chwestiynodd yr atyniad hwn, oherwydd roedd yr alwad yn ddwfn ac yn bwerus.

He did not question this pull, for the call was deep and powerful.

Yn aml, cyrhaeddodd y cysgod gwyrdd a'r ddaear feddal heb ei chyffwrdd

Often, he reached the green shade and soft untouched earth

Ond yna fe wnaeth y cariad cryf at John Thornton ei dynnu'n ôl at y tân.

But then the strong love for John Thornton pulled him back to the fire.

Dim ond John Thornton oedd yn wirioneddol yn dal calon wyllt Buck yn ei afael.

Only John Thornton truly held Buck's wild heart in his grasp.

Nid oedd gan weddill dynolryw unrhyw werth nac ystyr parhaol i Buck.

The rest of mankind had no lasting value or meaning to Buck.

Gallai dieithriaid ei ganmol neu fwytho ei ffwr â dwylo cyfeillgar.

Strangers might praise him or stroke his fur with friendly hands.

Arhosodd Buck yn ddigyffro a cherddodd i ffwrdd oherwydd gormod o hoffter.

Buck remained unmoved and walked off from too much affection.

Cyrhaeddodd Hans a Pete gyda'r rafft yr oedd disgwyl mawr amdano.

Hans and Pete arrived with the raft that had long been awaited

Anwybyddodd Buck nhw nes iddo ddysgu eu bod nhw'n agos at Thornton.

Buck ignored them until he learned they were close to Thornton.

Ar ôl hynny, goddefodd nhw, ond ni ddangosodd gynhesrwydd llawn iddyn nhw erioed.

After that, he tolerated them, but never showed them full warmth.

Cymerodd fwyd neu garedigrwydd ganddyn nhw fel pe bai'n gwneud ffafr iddyn nhw.

He took food or kindness from them as if doing them a favor.

Roedden nhw fel Thornton—syml, gonest, ac yn glir eu meddwl.

They were like Thornton—simple, honest, and clear in thought.

Gyda'i gilydd teithion nhw i felin lifio Dawson a'r trobwll mawr

All together they traveled to Dawson's saw-mill and the great eddy

Ar eu taith dysgon nhw i ddeall natur Buck yn ddwfn.

On their journey the learned to understand Buck's nature deeply.

Wnaethon nhw ddim ceisio tyfu'n agos fel yr oedd Skeet a Nig wedi'i wneud.

They did not try to grow close like Skeet and Nig had done.

Ond dim ond dyfnhau a wnaeth cariad Buck at John Thornton dros amser.

But Buck's love for John Thornton only deepened over time.

Dim ond Thornton allai roi pecyn ar gefn Buck yn yr haf.

Only Thornton could place a pack on Buck's back in the summer.

Beth bynnag a orchmynnodd Thornton, roedd Buck yn barod i'w wneud yn llawn.

Whatever Thornton commanded, Buck was willing to do fully.

Un diwrnod, ar ôl iddyn nhw adael Dawson am flaenddyfroedd afon Tanana,

One day, after they left Dawson for the headwaters of the Tanana,

roedd y grŵp yn eistedd ar glogwyn a oedd yn gostwng tair troedfedd i greigwely noeth.

the group sat on a cliff that dropped three feet to bare bedrock.

Eisteddodd John Thornton ger yr ymyl, a gorffwysodd Buck wrth ei ymyl.

John Thornton sat near the edge, and Buck rested beside him.

Cafodd Thornton feddwl sydyn a galwodd sylw'r dynion.

Thornton had a sudden thought and called the men's attention.

Pwyntiodd ar draws y ceunant a rhoi un gorchymyn i Buck.

He pointed across the chasm and gave Buck a single command.

"Neidiwch, Buck!" meddai, gan siglo ei fraich allan dros y diferyn.

"Jump, Buck!" he said, swinging his arm out over the drop.

Mewn eiliad, roedd rhaid iddo afael yn Buck, a oedd yn neidio i ufuddhau.

In a moment, he had to grab Buck, who was leaping to obey.

Rhuthrodd Hans a Pete ymlaen a thynnu'r ddau yn ôl i ddiogelwch.

Hans and Pete rushed forward and pulled both back to safety.

Ar ôl i bopeth ddod i ben, a'u bod nhw wedi dal eu gwynt, siaradodd Pete.

After all ended, and they had caught their breath, Pete spoke up.

"Mae'r cariad yn rhyfeddol," meddai, wedi'i ysgwyd gan ymroddiad ffyrnig y ci.

"The love's uncanny," he said, shaken by the dog's fierce devotion.

Ysgwydodd Thornton ei ben ac atebodd gyda difrifoldeb tawel.

Thornton shook his head and replied with calm seriousness.

"Na, mae'r cariad yn wych," meddai, "ond hefyd yn ofnadwy."

"No, the love is splendid," he said, "but also terrible."

"Weithiau, rhaid i mi gyfaddef, mae'r math yma o gariad yn gwneud i mi ofni."

"Sometimes, I must admit, this kind of love makes me afraid."

Nodiodd Pete a dweud, "Byddai'n gas gen i fod y dyn sy'n eich cyffwrdd chi."

Pete nodded and said, "I'd hate to be the man who touches you."

Edrychodd ar Buck wrth iddo siarad, yn ddifrifol ac yn llawn parch.

He looked at Buck as he spoke, serious and full of respect.

"Py Jingo!" meddai Hans yn gyflym. "Fi chwaith, na syr."

"Py Jingo!" said Hans quickly. "Me either, no sir."

Cyn i'r flwyddyn ddod i ben, daeth ofnau Pete yn wir yn Circle City.

Before the year ended, Pete's fears came true at Circle City.

Dechreuodd dyn creulon o'r enw Burton Du ymladd yn y bar.

A cruel man named Black Burton picked a fight in the bar.

Roedd yn ddig ac yn faleisus, gan ymosod ar droed dyner newydd.

He was angry and malicious, lashing out at a new tenderfoot.

Camodd John Thornton i mewn, yn dawel ac yn garedig fel bob amser.

John Thornton stepped in, calm and good-natured as always.

Gorweddodd Buck mewn cornel, ei ben i lawr, yn gwylio Thornton yn agos.

Buck lay in a corner, head down, watching Thornton closely.

Tarodd Burton yn sydyn, gan wneud i Thornton droelli.

Burton suddenly struck, his punch sending Thornton spinning.

Dim ond rheilen y bar a'i ataliodd rhag cwympo'n galed i'r llawr.

Only the bar's rail kept him from crashing hard to the ground.

Clywodd y gwylwyr sŵn nad oedd yn gyfarth nac yn gweiddi

The watchers heard a sound that was not bark or yelp

Daeth rhuo dwfn gan Buck wrth iddo lansio tuag at y dyn.

a deep roar came from Buck as he launched toward the man.

Cododd Burton ei fraich ac achubodd ei fywyd ei hun o drwch blewyn.

Burton threw his arm up and barely saved his own life.

Tarodd Buck i mewn iddo, gan ei daro'n fflat ar y llawr.

Buck crashed into him, knocking him flat onto the floor.

Brathodd Buck yn ddwfn i fraich y dyn, yna rhuthrodd am y gwddf.

Buck bit deep into the man's arm, then lunged for the throat.

Dim ond yn rhannol y gallai Burton ei rwystro, a rhwygwyd ei wddf ar agor.

Burton could only partly block, and his neck was torn open.

Rhuthrodd dynion i mewn, clybiau wedi'u codi, a gyrrodd Buck oddi ar y dyn gwaedlyd.

Men rushed in, clubs raised, and drove Buck off the bleeding man.

Gweithiodd llawfeddyg yn gyflym i atal y gwaed rhag llifo allan.

A surgeon worked quickly to stop the blood from flowing out.

Cerddodd Buck o gwmpas a grwgnach, gan geisio ymosod dro ar ôl tro.

Buck paced and growled, trying to attack again and again.

Dim ond clybiau siglo a'i ataliodd rhag cyrraedd Burton.

Only swinging clubs kept him back from reaching Burton.

Galwyd cyfarfod glowyr a'i gynnal yno ar y fan a'r lle.

A miners' meeting was called and held right there on the spot.

Cytunasant fod Buck wedi cael ei gythruddo a phleidleisiasant i'w ryddhau.

They agreed Buck had been provoked and voted to set him free.

Ond roedd enw ffyrnig Buck bellach yn atseinio ym mhob gwersyll yn Alaska.

But Buck's fierce name now echoed in every camp in Alaska.

Yn ddiweddarach yr hydref hwnnw, achubodd Buck Thornton eto mewn ffordd newydd.

Later that fall, Buck saved Thornton again in a new way.

Roedd y tri dyn yn tywys cwch hir i lawr rhaeadrau garw.

The three men were guiding a long boat down rough rapids.

Thornton oedd yn rheoli'r cwch, gan alw cyfarwyddiadau i'r lan.

Thornton maned the boat, calling directions to the shoreline.

Rhedodd Hans a Pete ar dir, gan ddal rhaff o goeden i goeden.

Hans and Pete ran on land, holding a rope from tree to tree.

Cadwodd Buck gyflymder ar y lan, gan wylio ei feistr bob amser.

Buck kept pace on the bank, always watching his master.

Mewn un lle cas, roedd creigiau'n ymwthio allan o dan y dŵr cyflym.

At one nasty place, rocks jutted out under the fast water.

Gollyngodd Hans y rhaff, a llywiodd Thornton y cwch yn llydan.

Hans let go of the rope, and Thornton steered the boat wide.

Sbrintiodd Hans i ddal y cwch eto heibio i'r creigiau peryglus.

Hans sprinted to catch the boat again past the dangerous rocks.

Cliriodd y cwch y silff ond tarodd ran gryfach o'r cerrynt.

The boat cleared the ledge but hit a stronger part of the current.

Gafaelodd Hans yn y rhaff yn rhy gyflym a thynnu'r cwch oddi ar ei gydbwysedd.

Hans grabbed the rope too quickly and pulled the boat off balance.

Trodd y cwch drosodd a tharo i'r lan, y gwaelod i fyny.

The boat flipped over and slammed into the bank, bottom up.

Cafodd Thornton ei daflu allan a'i ysgubo i ran fwyaf gwyllt y dŵr.

Thornton was thrown out and swept into the wildest part of the water.

Ni allai unrhyw nofiwr fod wedi goroesi yn y dyfroedd marwol, rasus hynny.

No swimmer could have survived in those deadly, racing waters.

Neidiodd Buck i mewn ar unwaith a rhedeg ar ôl ei feistr i lawr yr afon.

Buck jumped in instantly and chased his master down the river.

Ar ôl tri chant llath, cyrhaeddodd Thornton o'r diwedd.

After three hundred yards, he reached Thornton at last.

Gafaelodd Thornton yng nghynffon Buck, a throdd Buck am y lan.

Thornton grabbed Buck's tail, and Buck turned for the shore.

Nofiodd â'i holl nerth, gan ymladd yn erbyn llusgo gwyllt y dŵr.

He swam with full strength, fighting the water's wild drag.

Symudasant i lawr yr afon yn gyflymach nag y gallent gyrraedd y lan.

They moved downstream faster than they could reach the shore.

O'i flaen, roedd yr afon yn rhuo'n uwch wrth iddi syrthio i mewn i gyflymderau marwol.

Ahead, the river roared louder as it fell into deadly rapids.

Roedd creigiau'n sleisio trwy'r dŵr fel dannedd crib enfawr.

Rocks sliced through the water like the teeth of a huge comb.

Roedd tynfa'r dŵr ger y diferyn yn wyllt ac yn anochel.

The pull of the water near the drop was savage and inescapable.

Roedd Thornton yn gwybod na fyddent byth yn cyrraedd y lan mewn pryd.

Thornton knew they could never make the shore in time.

Crafodd dros un graig, tarodd ar draws ail,

He scraped over one rock, smashed across a second,

Ac yna fe darodd i drydydd graig, gan ei gafael â'r ddwy law.

And then he crashed into a third rock, grabbing it with both hands.

Gollyngodd afael ar Buck a gweiddi dros y rhuo, "Dos, Buck! Dos!"

He let go of Buck and shouted over the roar, "Go, Buck! Go!"

Ni allai Buck aros arnofio a chafodd ei ysgubo i lawr gan y cerrynt.

Buck could not stay afloat and was swept down by the current.

Ymladdodd yn galed, gan frwydro i droi, ond ni wnaeth unrhyw gynnydd o gwbl.

He fought hard, struggling to turn, but made no headway at all.

Yna clywodd Thornton yn ailadrodd y gorchymyn dros rhuo'r afon.

Then he heard Thornton repeat the command over the river's roar.

Cododd Buck allan o'r dŵr, gan godi ei ben fel pe bai am edrychiad olaf.

Buck reared out of the water, raised his head as if for a last look.

yna trodd ac ufuddhaodd, gan nofio tuag at y lan yn benderfynol.

then turned and obeyed, swimming toward the bank with resolve.

Tynnodd Pete a Hans ef i'r lan ar yr eiliad olaf bosibl.

Pete and Hans pulled him ashore at the final possible moment.

Roedden nhw'n gwybod y gallai Thornton lynu wrth y graig am funudau yn unig yn rhagor.

They knew Thornton could cling to the rock for only minutes more.

Rhedon nhw i fyny'r lan i fan ymhell uwchben lle'r oedd e'n hongian.

They ran up the bank to a spot far above where he was hanging.

Fe wnaethon nhw glymu llinyn y cwch i wddf ac ysgwyddau Buck yn ofalus.

They tied the boat's line to Buck's neck and shoulders carefully.

Roedd y rhaff yn dynn ond yn ddigon llac i anadlu a symud.

The rope was snug but loose enough for breathing and movement.

Yna fe'i lansiwyd ganddynt i'r afon ruthlyd, farwol eto.

Then they launched him into the rushing, deadly river again.

Nofiodd Buck yn feiddgar ond methodd ei ongl i rym y nant.

Buck swam boldly but missed his angle into the stream's force.

Gwelodd yn rhy hwyr ei fod yn mynd i ddrifftio heibio i Thornton.

He saw too late that he was going to drift past Thornton.

Tynnodd Hans y rhaff yn dynn, fel pe bai Buck yn gwch yn troi drosodd.

Hans jerked the rope tight, as if Buck were a capsizing boat.

Tynnodd y cerrynt ef o dan, a diflannodd o dan yr wyneb.

The current pulled him under, and he vanished below the surface.

Tarodd ei gorff y banc cyn i Hans a Pete ei dynnu allan.

His body struck the bank before Hans and Pete pulled him out.

Roedd wedi hanner boddi, a thyfasant y dŵr allan ohono.

He was half-drowned, and they pounded the water out of him.

Safodd Buck, siglodd, a chwympodd eto ar y llawr.

Buck stood, staggered, and collapsed again onto the ground.

Yna clywsant lais Thornton yn cael ei gario'n wan gan y gwynt.

Then they heard Thornton's voice faintly carried by the wind.

Er bod y geiriau'n aneglur, roedden nhw'n gwybod ei fod bron â marw.

Though the words were unclear, they knew he was near death.

Tarodd sŵn llais Thornton Buck fel ysgytwad drydanol.

The sound of Thornton's voice hit Buck like an electric jolt.

Neidiodd i fyny a rhedeg i fyny'r lan, gan ddychwelyd i'r man lansio.

He jumped up and ran up the bank, returning to the launch point.

Unwaith eto fe glymasant y rhaff i Buck, ac unwaith eto aeth i mewn i'r nant.

Again they tied the rope to Buck, and again he entered the stream.

Y tro hwn, nofiodd yn uniongyrchol ac yn gadarn i'r dŵr rhuthro.

This time, he swam directly and firmly into the rushing water.

Gollyngodd Hans y rhaff allan yn gyson tra bod Pete yn ei hatal rhag mynd yn glwm.

Hans let out the rope steadily while Pete kept it from tangling.

Nofiodd Buck yn galed nes iddo gael ei leinio ychydig uwchben Thornton.

Buck swam hard until he was lined up just above Thornton.

Yna trodd a rhuthro i lawr fel trên ar gyflymder llawn.

Then he turned and charged down like a train in full speed.

Gwelodd Thornton ef yn dod, wedi ymbaratoi, ac wedi cloi breichiau o amgylch ei wddf.

Thornton saw him coming, braced, and locked arms around his neck.

Clymodd Hans y rhaff yn gyflym o amgylch coeden wrth i'r ddau gael eu tynnu oddi tano.

Hans tied the rope fast around a tree as both were pulled under.

Fe wnaethon nhw syrthio o dan y dŵr, gan daro i mewn i greigiau a malurion afon.

They tumbled underwater, smashing into rocks and river debris.

Un eiliad roedd Buck ar ei ben, y funud nesaf cododd Thornton gan anadlu'n drwm.

One moment Buck was on top, the next Thornton rose gasping.

Wedi'u curo ac yn tagu, fe wnaethon nhw droi at y lan a man diogel.

Battered and choking, they veered to the bank and safety.

Daeth Thornton yn ôl i ymwybyddiaeth, yn gorwedd ar draws boncyff drifft.

Thornton regained consciousness, lying across a drift log.

Gweithiodd Hans a Pete yn galed ag ef i ddod ag anadl a bywyd yn ôl.

Hans and Pete worked him hard to bring back breath and life.

Ei feddwl cyntaf oedd am Buck, a orweddai'n ddisymud ac yn llipa.

His first thought was for Buck, who lay motionless and limp.

Udodd Nig dros gorff Buck, a llyfuodd Skeet ei wyneb yn ysgafn.

Nig howled over Buck's body, and Skeet licked his face gently.

Archwiliodd Thornton, yn ddolurus ac wedi'i gleisio, Buck â dwylo gofalus.

Thornton, sore and bruised, examined Buck with careful hands.

Canfu fod tri asen wedi torri, ond dim clwyfau angheuol yn y ci.

He found three ribs broken, but no deadly wounds in the dog.

"Mae hynny'n setlo'r cyfan," meddai Thornton. "Rydyn ni'n gwersylla yma." Ac fe wnaethon nhw.

"That settles it," Thornton said. "We camp here." And they did.

Arhoson nhw nes i asennau Buck wella a'i fod yn gallu cerdded eto.

They stayed until Buck's ribs healed and he could walk again.

Y gaeaf hwnnw, perfformiodd Buck gamp a gododd ei enwogrwydd ymhellach.

That winter, Buck performed a feat that raised his fame further.

Roedd yn llai arwrol nag achub Thornton, ond yr un mor drawiadol.

It was less heroic than saving Thornton, but just as impressive.

Yn Dawson, roedd angen cyflenwadau ar y partneriaid ar gyfer taith bell.

At Dawson, the partners needed supplies for a distant journey.

Roedden nhw eisiau teithio i'r Dwyrain, i diroedd anialwch heb eu cyffwrdd.

They wanted to travel East, into untouched wilderness lands.

Gwnaeth gweithred Buck yn yr Eldorado Saloon y daith honno'n bosibl.

Buck's deed in the Eldorado Saloon made that trip possible.

Dechreuodd gyda dynion yn brolio am eu cŵn dros ddiodydd.

It began with men bragging about their dogs over drinks.

Gwnaeth enwogrwydd Buck ef yn darged heriau ac amheuaeth.

Buck's fame made him the target of challenges and doubt.

Safodd Thornton, yn falch ac yn dawel, yn gadarn wrth amddiffyn enw Buck.

Thornton, proud and calm, stood firm in defending Buck's name.

Dywedodd un dyn y gallai ei gi dynnu pum cant o bunnoedd yn rhwydd.

One man said his dog could pull five hundred pounds with ease.

Dywedodd un arall chwe chant, ac ymffrostiodd trydydd saith cant.

Another said six hundred, and a third bragged seven hundred.

"Pfft!" meddai John Thornton, "Gall Buck dynnu sled mil o bunnoedd."

"Pfft!" said John Thornton, "Buck can pull a thousand pound sled."

Plygodd Matthewson, Brenin Bonanza, ymlaen a'i herio.

Matthewson, a Bonanza King, leaned forward and challenged him.

"Tybed a all e roi cymaint o bwysau mewn symudiad?"

"You think he can put that much weight into motion?"

"Ac wyt ti'n meddwl y gall e dynnu'r pwysau cant llath llawn?"

"And you think he can pull the weight a full hundred yards?"

Atebodd Thornton yn oer, "Ie. Mae Buck yn ddigon ci i wneud hynny."

Thornton replied coolly, "Yes. Buck is dog enough to do it."

"Bydd yn rhoi mil o bunnoedd ar waith, ac yn ei dynnu cant llath."

"He'll put a thousand pounds into motion, and pull it a hundred yards."

Gwenodd Matthewson yn araf a gwneud yn siŵr bod pob dyn yn clywed ei eiriau.

Matthewson smiled slowly and made sure all men heard his words.

"Mae gen i fil o ddoleri sy'n dweud na all e. Dyna fe."

"I've got a thousand dollars that says he can't. There it is."

Taflodd sach o lwch aur maint selsig ar y bar.

He slammed a sack of gold dust the size of sausage on the bar.

Ni ddywedodd neb air. Daeth y distawrwydd yn drwm ac yn dynn o'u cwmpas.

Nobody said a word. The silence grew heavy and tense around them.

Roedd bluff Thornton—os oedd un—wedi cael ei gymryd o ddifrif.

Thornton's bluff—if it was one—had been taken seriously.

Teimlodd wres yn codi yn ei wyneb wrth i waed ruthro i'w fochau.

He felt heat rise in his face as blood rushed to his cheeks.

Roedd ei dafod wedi mynd o flaen ei reswm ar y foment honno.

His tongue had gotten ahead of his reason in that moment.

Doedd e wir ddim yn gwybod a allai Buck symud mil o bunnoedd.

He truly didn't know if Buck could move a thousand pounds.

Hanner tunnell! Roedd ei faint yn unig yn gwneud i'w galon deimlo'n drwm.

Half a ton! The size of it alone made his heart feel heavy.

Roedd ganddo ffydd yng nghryfder Buck ac roedd wedi meddwl ei fod yn abl.

He had faith in Buck's strength and had thought him capable.

Ond nid oedd erioed wedi wynebu'r math hwn o her, nid fel hon.

But he had never faced this kind of challenge, not like this.

Gwyliodd dwsin o ddynion ef yn dawel, yn aros i weld beth fyddai'n ei wneud.

A dozen men watched him quietly, waiting to see what he'd do.

Doedd ganddo ddim yr arian—nid oedd gan Hans na Pete chwaith.

He didn't have the money—neither did Hans or Pete.

"Mae gen i sled y tu allan," meddai Matthewson yn oer ac yn uniongyrchol.

"I've got a sled outside," said Matthewson coldly and direct.

"Mae wedi'i lwytho ag ugain sach, hanner cant pwys yr un, y cyfan yn flawd.

"It's loaded with twenty sacks, fifty pounds each, all flour.

Felly peidiwch â gadael i sled coll fod yn esgus i chi nawr," ychwanegodd.

So don't let a missing sled be your excuse now," he added.

Safodd Thornton yn dawel. Doedd e ddim yn gwybod pa eiriau i'w cynnig.

Thornton stood silent. He didn't know what words to offer.

Edrychodd o gwmpas ar yr wynebau heb eu gweld yn glir.

He looked around at the faces without seeing them clearly.

Roedd yn edrych fel dyn wedi rhewi mewn meddwl, yn ceisio ailgychwyn.

He looked like a man frozen in thought, trying to restart.

Yna gwelodd Jim O'Brien, ffrind o ddyddiau'r Mastodoniaid.

Then he saw Jim O'Brien, a friend from the Mastodon days.

Rhoddodd yr wyneb cyfarwydd hwnnw ddewrder iddo nad oedd yn gwybod ei fod ganddo.

That familiar face gave him courage he didn't know he had.

Trodd a gofyn mewn llais isel, "Allwch chi fenthyg mil i mi?"

He turned and asked in a low voice, "Can you lend me a thousand?"

"Wrth gwrs," meddai O'Brien, gan ollwng sach trwm wrth yr aur yn barod.

"Sure," said O'Brien, dropping a heavy sack by the gold already.

"Ond a dweud y gwir, John, dydw i ddim yn credu y gall y bwystfil wneud hyn."

"But truthfully, John, I don't believe the beast can do this."

Rhuthrodd pawb yn yr Eldorado Saloon allan i weld y digwyddiad.

Everyone in the Eldorado Saloon rushed outside to see the event.

Gadawon nhw fyrddau a diodydd, a hyd yn oed cafodd y gemau eu hoedi.

They left tables and drinks, and even the games were paused.

Daeth deliwr a gamblwyr i weld diwedd y bet beiddgar.

Dealers and gamblers came to witness the bold wager's end.

Ymgasglodd cannoedd o amgylch y sled yn y stryd agored rhewllyd.

Hundreds gathered around the sled in the icy open street.

Roedd sled Matthewson yn sefyll gyda llwyth llawn o sachau blawd.

Matthewson's sled stood with a full load of flour sacks.

Roedd y sled wedi bod yn eistedd am oriau mewn tymereddau minws.

The sled had been sitting for hours in minus temperatures.

Roedd rhedwyr y sled wedi rhewi'n dynn i'r eira wedi'i bacio i lawr.

The sled's runners were frozen tight to the packed-down snow.

Cynigiodd dynion ods dau i un na allai Buck symud y sled.

Men offered two-to-one odds that Buck could not move the sled.

Dechreuodd anghydfod ynghylch beth oedd ystyr "torri allan" mewn gwirionedd.

A dispute broke out about what "break out" really meant.

Dywedodd O'Brien y dylai Thornton lacio sylfaen rewedig y sled.

O'Brien said Thornton should loosen the sled's frozen base.

Yna gallai Buck "dorri allan" o ddechrau cadarn, llonydd.

Buck could then "break out" from a solid, motionless start.

Dadleuodd Matthewson fod yn rhaid i'r ci ryddhau'r rhedwyr hefyd.

Matthewson argued the dog must break the runners free too.

Cytunodd y dynion a glywodd y bet â barn Matthewson.

The men who had heard the bet agreed with Matthewson's view.

Gyda'r dyfarniad hwnnw, neidiodd y tebygolrwydd i dri-i-un yn erbyn Buck.

With that ruling, the odds jumped to three-to-one against Buck.

Ni gamodd neb ymlaen i dderbyn y ods tri i un cynyddol.

No one stepped forward to take the growing three-to-one odds.

Ni chredodd unrhyw ddyn y gallai Buck gyflawni'r gamp fawr.

Not a single man believed Buck could perform the great feat.

Roedd Thornton wedi cael ei ruthro i mewn i'r bet, yn drwm gan amheuon.

Thornton had been rushed into the bet, heavy with doubts.

Nawr edrychodd ar y sled a'r tîm deg ci wrth ei ymyl.

Now he looked at the sled and the ten-dog team beside it.

Roedd gweld realiti'r dasg yn ei gwneud hi'n ymddangos yn fwy amhosibl.

Seeing the reality of the task made it seem more impossible.

Roedd Matthewson yn llawn balchder a hyder yn y foment honno.

Matthewson was full of pride and confidence in that moment.

"Tri i un!" gwaeddodd. "Mi fe betiaf fil arall, Thornton!"

"Three to one!" he shouted. "I'll bet another thousand, Thornton!

"Beth wyt ti'n ei ddweud?" ychwanegodd, yn ddigon uchel i bawb ei glywed.

What do you say?" he added, loud enough for all to hear.

Dangosodd wyneb Thornton ei amheuon, ond roedd ei ysbryd wedi codi.

Thornton's face showed his doubts, but his spirit had risen.

Anwybyddodd yr ysbryd ymladd hwnnw'r siawns ac nid oedd yn ofni dim o gwbl.

That fighting spirit ignored odds and feared nothing at all.

Galwodd ar Hans a Pete i ddod â'u holl arian parod i'r bwrdd.

He called Hans and Pete to bring all their cash to the table.

Ychydig oedd ganddyn nhw ar ôl — dim ond dau gant o ddoleri gyda'i gilydd.

They had little left — only two hundred dollars combined.

Y swm bach hwn oedd eu cyfanswm ffortiwn yn ystod cyfnodau caled.

This small sum was their total fortune during hard times.

Serch hynny, fe wnaethon nhw osod yr holl ffortiwn yn erbyn bet Matthewson.

Still, they laid all of the fortune down against Matthewson's bet.

Datgysylltwyd y tîm deg ci a symudodd i ffwrdd o'r sled.

The ten-dog team was unhitched and moved away from the sled.

Gosodwyd Buck yn yr awenau, yn gwisgo ei harnais cyfarwydd.

Buck was placed in the reins, wearing his familiar harness.

Roedd wedi dal egni'r dorf ac wedi teimlo'r tensiwn.

He had caught the energy of the crowd and felt the tension.

Rywsut, roedd yn gwybod bod yn rhaid iddo wneud rhywbeth i John Thornton.

Somehow, he knew he had to do something for John Thornton.

Sibrydodd pobl gydag edmygedd at ffigur balch y ci.

People murmured with admiration at the dog's proud figure.

Roedd yn fain ac yn gryf, heb un owns ychwanegol o gnawd.

He was lean and strong, without a single extra ounce of flesh.

Ei bwysau llawn o gant a hanner pwys oedd yr holl nerth a'r dygnwch.

His full weight of hundred fifty pounds was all power and endurance.

Roedd côt Buck yn disgleirio fel sidan, yn drwchus o iechyd a chryfder.

Buck's coat gleamed like silk, thick with health and strength.

Roedd y ffwr ar hyd ei wddf a'i ysgwyddau fel pe bai'n codi ac yn gwrychog.

The fur along his neck and shoulders seemed to lift and bristle.

Symudodd ei fwng ychydig, pob blew yn fyw gyda'i egni mawr.

His mane moved slightly, each hair alive with his great energy.

Roedd ei frest lydan a'i goesau cryfion yn cyd-fynd â'i gorff trwm, caled.

His broad chest and strong legs matched his heavy, tough frame.

Roedd cyhyrau'n crychu o dan ei gôt, yn dynn ac yn gadarn fel haearn wedi'i rwymo.

Muscles rippled under his coat, tight and firm as bound iron.

Cyffyrddodd dynion ag ef a thyngu ei fod wedi'i adeiladu fel peiriant dur.

Men touched him and swore he was built like a steel machine.

Gostyngodd yr ods ychydig i ddau i un yn erbyn y ci gwych.

The odds dropped slightly to two to one against the great dog.

Gwthiodd dyn o Feinciau Skookum ymlaen, gan atal dweud.

A man from the Skookum Benches pushed forward, stuttering.

"Da, syr! Rwy'n cynnig wyth cant amdano—cyn y prawf, syr!"

"Good, sir! I offer eight hundred for him—before the test, sir!"

"Wyth cant, fel mae e ar hyn o bryd!" mynnodd y dyn.

"Eight hundred, as he stands right now!" the man insisted.

Camodd Thornton ymlaen, gwenu, ac ysgwyd ei ben yn dawel.

Thornton stepped forward, smiled, and shook his head calmly.

Camodd Matthewson i mewn yn gyflym gyda llais rhybuddiol a gwgu.

Matthewson quickly stepped in with a warning voice and frown.

"Rhaid i chi gamu i ffwrdd oddi wrtho," meddai. "Rhowch le iddo."

"You must step away from him," he said. "Give him space."

Tawelodd y dorf; dim ond gamblwyr oedd yn dal i gynnig dau i un.

The crowd grew silent; only gamblers still offered two to one.

Roedd pawb yn edmygu corff Buck, ond roedd y llwyth yn edrych yn rhy fawr.

Everyone admired Buck's build, but the load looked too great.

Roedd ugain sach o flawd—pob un yn pwyso hanner cant pwys—yn ymddangos yn llawer gormod.

Twenty sacks of flour—each fifty pounds in weight—seemed far too much.

Doedd neb yn fodlon agor eu cwdyn a mentro eu harian.

No one was willing to open their pouch and risk their money.

Penliniodd Thornton wrth ymyl Buck a chymryd ei ben yn ei ddwy law.

Thornton knelt beside Buck and took his head in both hands.

Pwysodd ei foch yn erbyn boch Buck a siaradodd i'w glust.

He pressed his cheek against Buck's and spoke into his ear.

Doedd dim ysgwyd chwareus na sibrwd sarhad cariadus bellach.

There was no playful shaking or whispered loving insults now.

Dim ond sibrydion ysgafn a wnaeth, "Cymaint ag yr wyt ti'n fy ngharu i, Buck."

He only murmured softly, "As much as you love me, Buck."

Gwynnodd Buck yn dawel, prin y byddai ei awyddusrwydd yn cael ei atal.

Buck let out a quiet whine, his eagerness barely restrained.

Gwyliodd y gwylwyr gyda chwilfrydedd wrth i densiwn lenwi'r awyr.

The onlookers watched with curiosity as tension filled the air.

Roedd y foment bron yn afreal, fel rhywbeth y tu hwnt i reswm.

The moment felt almost unreal, like something beyond reason.

Pan safodd Thornton, cymerodd Buck ei law yn ysgafn yn ei ên.

When Thornton stood, Buck gently took his hand in his jaws.

Pwysodd i lawr gyda'i ddannedd, yna gollyngodd yn araf ac yn ysgafn.

He pressed down with his teeth, then let go slowly and gently.

Roedd yn ateb tawel o gariad, nid yn cael ei ddweud, ond yn cael ei ddeall.

It was a silent answer of love, not spoken, but understood.

Camodd Thornton yn ôl ymhell oddi wrth y ci a rhoi'r arwydd.

Thornton stepped well back from the dog and gave the signal.

"Nawr, Buck," meddai, ac ymatebodd Buck gyda thawelwch canolbwyntiedig.

"Now, Buck," he said, and Buck responded with focused calm.

Tynhaodd Buck y traciau, yna eu llacio ychydig fodfeddi.

Buck tightened the traces, then loosened them by a few inches.

Dyma'r dull yr oedd wedi'i ddysgu; ei ffordd o dorri'r sled.

This was the method he had learned; his way to break the sled.

"Wow!" gwaeddodd Thornton, ei lais yn finiog yn y distawrwydd trwm.

"Gee!" Thornton shouted, his voice sharp in the heavy silence.

Trodd Buck i'r dde a neidiodd â'i holl bwysau.

Buck turned to the right and lunged with all of his weight.

Diflannodd y llacrwydd, a tharodd màs llawn Buck yr olion tynn.

The slack vanished, and Buck's full mass hit the tight traces.

Crynodd y sled, a gwnaeth y rhedwyr sŵn cracio clir.

The sled trembled, and the runners made a crisp crackling sound.

"Haw!" gorchmynnodd Thornton, gan newid cyfeiriad Buck eto.

"Haw!" Thornton commanded, shifting Buck's direction again.

Ailadroddodd Buck y symudiad, gan dynnu'n sydyn i'r chwith y tro hwn.

Buck repeated the move, this time pulling sharply to the left.

Craciodd y sled yn uwch, y rhedwyr yn snapio ac yn symud.

The sled cracked louder, the runners snapping and shifting.

Llithrodd y llwyth trwm ychydig i'r ochr ar draws yr eira wedi rhewi.

The heavy load slid slightly sideways across the frozen snow.

Roedd y sled wedi torri'n rhydd o afael y llwybr rhewllyd!

The sled had broken free from the grip of the icy trail!

Daliodd dynion eu gwynt, heb sylweddoli nad oeddent hyd yn oed yn anadlu.

Men held their breath, unaware they were not even breathing.

"Nawr, TYNNWCH!" gwaeddodd Thornton ar draws y distawrwydd rhewllyd.

"Now, PULL!" Thornton cried out across the frozen silence.

Roedd gorchymyn Thornton yn atseinio'n finiog, fel crac chwip.

Thornton's command rang out sharp, like the crack of a whip.

Taflodd Buck ei hun ymlaen gyda rhuthr ffyrnig a sydyn.

Buck hurled himself forward with a fierce and jarring lunge.

Tynnodd a chrychodd ei ffrâm gyfan oherwydd y straen enfawr.

His whole frame tensed and bunched for the massive strain.

Roedd cyhyrau'n crychu o dan ei ffwr fel nadroedd yn dod yn fyw.

Muscles rippled under his fur like serpents coming alive.

Roedd ei frest fawr yn isel, ei ben wedi'i ymestyn ymlaen tuag at y sled.

His great chest was low, head stretched forward toward the sled.

Symudodd ei bawennau fel mellten, crafangau'n sleisio'r ddaear rewedig.

His paws moved like lightning, claws slicing the frozen ground.

Torrwyd rhigolau'n ddwfn wrth iddo ymladd am bob modfedd o afael.

Grooves were cut deep as he fought for every inch of traction.

Siglodd y sled, crynodd, a dechreuodd symudiad araf, anesmwyth.

The sled rocked, trembled, and began a slow, uneasy motion.

Llithrodd un droed, ac ochainodd dyn yn y dorf yn uchel.

One foot slipped, and a man in the crowd groaned aloud.

Yna neidiodd y sled ymlaen mewn symudiad garw, sydyn.

Then the sled lunged forward in a jerking, rough movement.

Wnaeth e ddim stopio eto—hanner modfedd...modfedd...dwy fodfedd yn rhagor.

It didn't stop again—half an inch...an inch...two inches more.

Aeth y jerciau'n llai wrth i'r sled ddechrau cynyddu cyflymder.

The jerks became smaller as the sled began to gather speed.

Yn fuan roedd Buck yn tynnu â phŵer rholio llyfn, unffurf.

Soon Buck was pulling with smooth, even, rolling power.

Anadlodd y dynion yn sydyn ac o'r diwedd cofion nhw anadlu eto.

Men gasped and finally remembered to breathe again.

Doedden nhw ddim wedi sylwi bod eu hanadl wedi stopio mewn parch.

They had not noticed their breath had stopped in awe.

Rhedodd Thornton y tu ôl, gan weiddi gorchmynion byr, llawen.

Thornton ran behind, calling out short, cheerful commands.

O'i flaen roedd pentwr o goed tân a oedd yn nodi'r pellter.

Ahead was a stack of firewood that marked the distance.

Wrth i Buck nesáu at y pentwr, tyfodd y bloeddio'n uwch ac uwch.

As Buck neared the pile, the cheering grew louder and louder.

Chwyddodd y bloeddio'n rhuo wrth i Buck basio'r pwynt terfyn.

The cheering swelled into a roar as Buck passed the end point.

Neidiodd dynion a gweiddi, hyd yn oed Matthewson a dorrodd i wenu.

Men jumped and shouted, even Matthewson broke into a grin.

Hedfanodd hetiau i'r awyr, taflwyd maneg heb feddwl na nod.

Hats flew into the air, mittens were tossed without thought or aim.

Gafaelodd dynion yn ei gilydd ac ysgwyd llaw heb wybod pwy.

Men grabbed each other and shook hands without knowing who.

Roedd y dorf gyfan yn bwrlwm mewn dathliad gwyllt, llawen.

The whole crowd buzzed in wild, joyful celebration.

Syrthiodd Thornton ar ei liniau wrth ymyl Buck â dwylo crynedig.

Thornton dropped to his knees beside Buck with trembling hands.

Pwysodd ei ben at ben Buck a'i ysgwyd yn ysgafn yn ôl ac ymlaen.

He pressed his head to Buck's and shook him gently back and forth.

Clywodd y rhai a nesáodd ef yn melltithio'r ci â chariad tawel.

Those who approached heard him curse the dog with quiet love.

Tyngodd ar Buck am amser hir—yn feddal, yn gynnes, gydag emosiwn.

He swore at Buck for a long time—softly, warmly, with emotion.

"Da, syr! Da, syr!" gwaeddodd brenin Mainc Skookum ar frys.

"Good, sir! Good, sir!" cried the Skookum Bench king in a rush.

"Rhoddaf fil i chi—na, deuddeg cant—am y ci yna, syr!"

"I'll give you a thousand—no, twelve hundred—for that dog, sir!"

Cododd Thornton yn araf i'w draed, ei lygaid yn disgleirio gydag emosiwn.

Thornton rose slowly to his feet, his eyes shining with emotion.

Llifodd dagrau'n agored i lawr ei fochau heb unrhyw gywilydd.

Tears streamed openly down his cheeks without any shame.

"Syr," meddai wrth frenin Mainc Skookum, yn gyson a chadarn

"Sir," he said to the Skookum Bench king, steady and firm

"Na, syr. Gallwch fynd i uffern, syr. Dyna fy ateb terfynol."

"No, sir. You can go to hell, sir. That's my final answer."

Gafaelodd Buck yn llaw Thornton yn ysgafn yn ei ên cryf.

Buck grabbed Thornton's hand gently in his strong jaws.

Ysgwydodd Thornton ef yn chwareus, eu cwlwm mor ddwfn ag erioed.

Thornton shook him playfully, their bond deep as ever.

Camodd y dorf, wedi'u symud gan y foment, yn ôl mewn distawrwydd.

The crowd, moved by the moment, stepped back in silence.

O hynny ymlaen, ni feiddiodd neb dorri ar draws hoffter mor gysegredig.

From then on, none dared interrupt such sacred affection.

Sain yr Alwad
The Sound of the Call

Roedd Buck wedi ennill un cant ar bymtheg o ddoleri mewn pum munud.
Buck had earned sixteen hundred dollars in five minutes.

Galluogodd yr arian John Thornton i dalu rhai o'i ddyledion.
The money let John Thornton pay off some of his debts.

Gyda gweddill yr arian aeth i'r Dwyrain gyda'i bartneriaid.
With the rest of the money he headed East with his partners.

Roedden nhw'n chwilio am fwynglawdd coll chwedlonol, mor hen â'r wlad ei hun.
They sought a fabled lost mine, as old as the country itself.

Roedd llawer o ddynion wedi chwilio am y pwll glo, ond ychydig iawn oedd erioed wedi dod o hyd iddo.
Many men had looked for the mine, but few had ever found it.

Roedd mwy nag ychydig o ddynion wedi diflannu yn ystod y chwiliad peryglus.
More than a few men had vanished during the dangerous quest.

Roedd y pwll glo coll hwn wedi'i lapio mewn dirgelwch a hen drasiedi.
This lost mine was wrapped in both mystery and old tragedy.

Doedd neb yn gwybod pwy oedd y dyn cyntaf i ddod o hyd i'r pwll glo.
No one knew who the first man to find the mine had been.

Nid yw'r straeon hynaf yn sôn am neb wrth enw.
The oldest stories don't mention anyone by name.

Roedd caban hynafol adfeiliedig wedi bod yno erioed.
There had always been an ancient ramshackle cabin there.

Roedd dynion oedd yn marw wedi tyngu llw bod pwll glo wrth ymyl yr hen gaban hwnnw.
Dying men had sworn there was a mine next to that old cabin.

Profon nhw eu straeon gydag aur fel na welwyd yn unman arall.

They proved their stories with gold like none found
elsewhere.

**Nid oedd unrhyw enaid byw erioed wedi ysbeilio'r trysor o'r
lle hwnnw.**

No living soul had ever looted the treasure from that place.

**Roedd y meirw yn farw, ac nid yw dynion meirw yn adrodd
straeon.**

The dead were dead, and dead men tell no tales.

Felly aeth Thornton a'i ffrindiau i'r Dwyrain.

So Thornton and his friends headed into the East.

Ymunodd Pete a Hans, gan ddod â Buck a chwe chi cryf.

Pete and Hans joined, bringing Buck and six strong dogs.

**Fe gychwynnon nhw ar hyd llwybr anhysbys lle roedd eraill
wedi methu.**

They set off down an unknown trail where others had failed.

**Fe wnaethon nhw sledio saith deg milltir i fyny Afon Yukon
wedi rhewi.**

They sledded seventy miles up the frozen Yukon River.

Troddant i'r chwith a dilyn y llwybr i mewn i Afon Stewart.

They turned left and followed the trail into the Stewart.

**Aethant heibio i'r Mayo a'r McQuestion, gan wthio
ymhellach ymlaen.**

They passed the Mayo and McQuestion, pressing farther on.

**Ciliodd Afon Stewart i mewn i nant, gan edafu ar draws
copaon danheddog.**

The Stewart shrank into a stream, threading jagged peaks.

Roedd y copaon miniog hyn yn nodi asgwrn cefn y cyfandir.

These sharp peaks marked the very spine of the continent.

**Ychydig oedd ei angen gan John Thornton gan ddynion na'r
tir gwyllt.**

John Thornton demanded little from men or the wild land.

**Nid oedd yn ofni dim byd yn y byd natur ac roedd yn
wynebu'r gwyllt yn rhwydd.**

He feared nothing in nature and faced the wild with ease.

**Gyda halen a reiffl yn unig, gallai deithio lle bynnag y
dymunai.**

With only salt and a rifle, he could travel where he wished.

Fel y brodorion, roedd yn hela bwyd wrth deithio.

Like the natives, he hunted food while he journeyed along.

Os na ddaliodd ddim, parhaodd i fynd, gan ymddiried mewn lwc o'i flaen.

If he caught nothing, he kept going, trusting luck ahead.

Ar y daith hir hon, cig oedd y prif beth a fwytaent.

On this long journey, meat was the main thing they ate.

Roedd y sled yn dal offer ac bwledi, ond dim amserlen gaeth.

The sled held tools and ammo, but no strict timetable.

Roedd Buck wrth ei fodd â'r crwydro hwn; yr hela a'r pysgota diddiwedd.

Buck loved this wandering; the endless hunt and fishing.

Am wythnosau roedden nhw'n teithio ddydd ar ôl diwrnod cyson.

For weeks they were traveling day after steady day.

Ar adegau eraill fe wnaethon nhw wersylloedd ac aros yn llonydd am wythnosau.

Other times they made camps and stayed still for weeks.

Gorffwysodd y cŵn tra bod y dynion yn cloddio trwy faw wedi rhewi.

The dogs rested while the men dug through frozen dirt.

Roedden nhw'n cynhesu sosbenni uwchben tanau ac yn chwilio am aur cudd.

They warmed pans over fires and searched for hidden gold.

Rhai dyddiau roedden nhw'n llwgu, ac eraill roedden nhw'n cynnal gwleddoedd.

Some days they starved, and some days they had feasts.

Roedd eu prydau bwyd yn dibynnu ar yr helwriaeth a lwc yr helfa.

Their meals depended on the game and the luck of the hunt.

Pan ddaeth yr haf, byddai dynion a chŵn yn pacio llwythi ar eu cefnau.

When summer came, men and dogs packed loads on their backs.

Fe wnaethon nhw rafftio ar draws llynnoedd glas wedi'u cuddio mewn coedwigoedd mynyddig.

They rafted across blue lakes hidden in mountain forests.

Hwylion nhw gychod main ar afonydd nad oedd dyn erioed wedi'u mapio.

They sailed slim boats on rivers no man had ever mapped.

Adeiladwyd y cychod hynny o goed a lifiwyd ganddynt yn y gwyllt.

Those boats were built from trees they sawed in the wild.

Aeth y misoedd heibio, ac fe droellasant trwy'r tiroedd gwyllt anhysbys.

The months passed, and they twisted through the wild unknown lands.

Nid oedd unrhyw ddynion yno, ond roedd olion hen yn awgrymu bod dynion wedi bod.

There were no men there, yet old traces hinted that men had been.

Os oedd y Caban Coll yn real, yna roedd eraill wedi dod y ffordd hon ar un adeg.

If the Lost Cabin was real, then others had once come this way.

Roedden nhw'n croesi bylchau uchel mewn stormydd eira, hyd yn oed yn ystod yr haf.

They crossed high passes in blizzards, even during the summer.

Roedden nhw'n crynu o dan haul hanner nos ar lethrau mynyddoedd noeth.

They shivered under the midnight sun on bare mountain slopes.

Rhwng llinell y coed a'r caeau eira, fe dringon nhw'n araf.

Between the treeline and the snowfields, they climbed slowly.

Mewn dyffrynnoedd cynnes, roedden nhw'n taro cymylau o wybed a phryfed.

In warm valleys, they swatted at clouds of gnats and flies.

Fe wnaethon nhw gasglu aeron melys ger rhewlifoedd yng ngolau llawn yr haf.

They picked sweet berries near glaciers in full summer bloom.

Roedd y blodau a ddaethon nhw o hyd iddyn nhw mor hyfryd â'r rhai yn y De.

The flowers they found were as lovely as those in the Southland.

Y cwymp hwnnw fe gyrhaeddon nhw ranbarth unig yn llawn llynnoedd tawel.

That fall they reached a lonely region filled with silent lakes.

Roedd y tir yn drist ac yn wag, unwaith yn fyw gydag adar ac anifeiliaid.

The land was sad and empty, once alive with birds and beasts.

Nawr doedd dim bywyd, dim ond y gwynt a'r iâ yn ffurfio mewn pyllau.

Now there was no life, just the wind and ice forming in pools.

Lapiai tonnau yn erbyn glannau gwag gyda sain feddal, galarus.

Waves lapped against empty shores with a soft, mournful sound.

Daeth gaeaf arall, ac fe ddilynon nhw lwybrau hen, gwan eto.

Another winter came, and they followed faint, old trails again.

Dyma oedd llwybrau dynion a oedd wedi chwilio ymhell o'u blaenau.

These were the trails of men who had searched long before them.

Unwaith fe wnaethon nhw ddod o hyd i lwybr wedi'i dorri'n ddwfn i'r goedwig dywyll.

Once they found a path cut deep into the dark forest.

Llwybr hen ydoedd, ac roedden nhw'n teimlo bod y caban coll yn agos.

It was an old trail, and they felt the lost cabin was close.

Ond nid oedd y llwybr yn arwain i unman ac yn pylu i'r coed trwchus.

But the trail led nowhere and faded into the thick woods.

Pwy bynnag wnaeth y llwybr, a pham y gwnaethon nhw ei wneud, doedd neb yn gwybod.

Whoever made the trail, and why they made it, no one knew.

Yn ddiweddarach, fe ddaethon nhw o hyd i ddrylliad llety wedi'i guddio ymhlith y coed.

Later, they found the wreck of a lodge hidden among the trees.

Roedd blancedi pydredig wedi'u gwasgaru lle roedd rhywun wedi cysgu ar un adeg.

Rotting blankets lay scattered where someone once had slept.

Daeth John Thornton o hyd i fflintloc hir-faril wedi'i gladdu y tu mewn.

John Thornton found a long-barreled flintlock buried inside.

Roedd yn gwybod mai gwn Bae Hudson oedd hwn o ddyddiau masnachu cynnar.

He knew this was a Hudson Bay gun from early trading days.

Yn y dyddiau hynny roedd gynnau o'r fath yn cael eu cyfnewid am bentyrrau o grwyn afanc.

In those days such guns were traded for stacks of beaver skins.

Dyna oedd y cyfan—doedd dim cliw ar ôl am y dyn a adeiladodd y llety.

That was all—no clue remained of the man who built the lodge.

Daeth y gwanwyn eto, ac ni chawsant unrhyw arwydd o'r Caban Coll.

Spring came again, and they found no sign of the Lost Cabin.

Yn lle hynny, fe wnaethon nhw ddod o hyd i ddyffryn llydan gyda nant fas.

Instead they found a broad valley with a shallow stream.

Roedd aur yn gorwedd ar draws gwaelodion y badell fel menyn llyfn, melyn.

Gold lay across the pan bottoms like smooth, yellow butter.

Fe wnaethon nhw stopio yno ac ni chwilio ymhellach am y caban.

They stopped there and searched no farther for the cabin.

Bob dydd roedden nhw'n gweithio ac yn dod o hyd i filoedd mewn llwch aur.

Each day they worked and found thousands in gold dust.

Fe wnaethon nhw bacio'r aur mewn bagiau o groen elc, hanner cant punt yr un.

They packed the gold in bags of moose-hide, fifty pounds each.

Roedd y bagiau wedi'u pentyrru fel coed tân y tu allan i'w llety bach.

The bags were stacked like firewood outside their small lodge.

Roedden nhw'n gweithio fel cewri, ac aeth y dyddiau heibio fel breuddwydion cyflym.

They worked like giants, and the days passed like quick dreams.

Fe wnaethon nhw bentyrru trysor wrth i'r dyddiau diddiwedd rolio heibio'n gyflym.

They heaped up treasure as the endless days rolled swiftly by.

Nid oedd llawer i'r cŵn ei wneud heblaw cludo cig o bryd i'w gilydd.

There was little for the dogs to do except haul meat now and then.

Helodd Thornton a lladdodd yr anifeiliaid, a gorweddodd Buck wrth y tân.

Thornton hunted and killed the game, and Buck lay by the fire.

Treuliodd oriau hir mewn distawrwydd, ar goll mewn meddwl a chof.

He spent long hours in silence, lost in thought and memory.

Daeth delwedd y dyn blewog i feddwl Buck yn amlach.

The image of the hairy man came more often into Buck's mind.

Gan fod gwaith yn brin bellach, breuddwydiodd Buck wrth blincio at y tân.

Now that work was scarce, Buck dreamed while blinking at the fire.

Yn y breuddwydion hynny, crwydrodd Buck gyda'r dyn mewn byd arall.

In those dreams, Buck wandered with the man in another world.

Ofn oedd yr ymdeimlad cryfaf yn y byd pell hwnnw, yn ôl pob golwg.

Fear seemed the strongest feeling in that distant world.

Gwelodd Buck y dyn blewog yn cysgu â'i ben wedi'i grychu'n isel.

Buck saw the hairy man sleep with his head bowed low.

Roedd ei ddwylo wedi'u clymu, ac roedd ei gwsg yn aflonydd ac yn doredig.

His hands were clasped, and his sleep was restless and broken.

Arferai ddeffro gyda syndod a syllu'n ofnus i'r tywyllwch.

He used to wake with a start and stare fearfully into the dark.

Yna byddai'n taflu mwy o goed ar y tân i gadw'r fflam yn llachar.

Then he'd toss more wood onto the fire to keep the flame bright.

Weithiau byddent yn cerdded ar hyd traeth wrth ymyl môr llwyd, diddiwedd.

Sometimes they walked along a beach by a gray, endless sea.

Cododd y dyn blewog bysgod cregyn a'u bwyta wrth iddo gerdded.

The hairy man picked shellfish and ate them as he walked.

Roedd ei lygaid bob amser yn chwilio am beryglon cudd yn y cysgodion.

His eyes searched always for hidden dangers in the shadows.

Roedd ei goesau bob amser yn barod i sbrintio wrth yr arwydd cyntaf o fygythiad.

His legs were always ready to sprint at the first sign of threat.

Fe wnaethon nhw sleifio drwy'r goedwig, yn dawel ac yn wyliadwrus, ochr yn ochr.

They crept through the forest, silent and wary, side by side.

Dilynodd Buck ar ei sodlau, ac arhosodd y ddau ohonyn nhw'n effro.

Buck followed at his heels, and both of them stayed alert.

Roedd eu clustiau'n crynu ac yn symud, eu trwynau'n arogli'r awyr.

Their ears twitched and moved, their noses sniffed the air.

Gallai'r dyn glywed ac arogli'r goedwig mor finiog â Buck.
The man could hear and smell the forest as sharply as Buck.

Siglodd y dyn blewog drwy'r coed gyda chyflymder sydyn.
The hairy man swung through the trees with sudden speed.

Neidiodd o gangen i gangen, heb golli ei afael byth.
He leapt from branch to branch, never missing his grip.

Symudodd mor gyflym uwchben y ddaear ag y gwnaeth arni.
He moved as fast above the ground as he did upon it.

Cofiai Buck nosweithiau hir o dan y coed, yn cadw golwg.
Buck remembered long nights beneath the trees, keeping watch.

Cysgodd y dyn yn clwydo yn y canghennau, gan lynu'n dynn.
The man slept roosting in the branches, clinging tight.

Roedd y weledigaeth hon o'r dyn blewog wedi'i chysylltu'n agos â'r alwad ddofn.
This vision of the hairy man was tied closely to the deep call.

Roedd y galwad yn dal i swnio drwy'r goedwig gyda grym atgofus.
The call still sounded through the forest with haunting force.

Llenwodd yr alwad Buck â hiraeth a theimlad aflonydd o lawenydd.
The call filled Buck with longing and a restless sense of joy.

Teimlodd ysgogiadau a chyffroadau rhyfedd na allai eu henwi.
He felt strange urges and stirrings that he could not name.

Weithiau byddai'n dilyn yr alwad yn ddwfn i'r coed tawel.
Sometimes he followed the call deep into the quiet woods.

Chwiliodd am y galwad, gan gyfarth yn feddal neu'n finiog wrth iddo fynd.
He searched for the calling, barking softly or sharply as he went.

Aroglodd y mwsogl a'r pridd du lle tyfodd y glaswellt.
He sniffed the moss and black soil where the grasses grew.

Snwdiodd gyda hyfrydwch at arogleuon cyfoethog y ddaear ddofn.

He snorted with delight at the rich smells of the deep earth.

Cwrcwdodd am oriau y tu ôl i̇̂ foncyffion wedi'u gorchuddio â ffwng.

He crouched for hours behind trunks covered in fungus.

Arhosodd yn llonydd, gan wrando â'i lygaid yn llydan ar bob sŵn bach.

He stayed still, listening wide-eyed to every tiny sound.

Efallai ei fod wedi gobeithio synnu'r peth a roddodd yr alwad.

He may have hoped to surprise the thing that gave the call.

Doedd e ddim yn gwybod pam roedd e wedi ymddwyn fel hyn—fe wnaeth e'n syml.

He did not know why he acted this way—he simply did.

Daeth yr ysfa o ddwfn y tu mewn, y tu hwnt i feddwl na rheswm.

The urges came from deep within, beyond thought or reason.

Cymerodd awydd anorchfygol afael ar Buck heb rybudd na rheswm.

Irresistible urges took hold of Buck without warning or reason.

Ar adegau roedd yn cysgu'n ddiog yn y gwersyll o dan wres canol dydd.

At times he was dozing lazily in camp under the midday heat.

Yn sydyn, cododd ei ben a saethu ei glustiau i fyny'n effro.

Suddenly, his head lifted and his ears shoot up alert.

Yna neidiodd i fyny a rhuthro i'r gwyllt heb oedi.

Then he sprang up and dash into the wild without pause.

Rhedodd am oriau trwy lwybrau coedwig a mannau agored.

He ran for hours through forest paths and open spaces.

Roedd wrth ei fodd yn dilyn gwelyau nentydd sych ac yn ysbïo ar adar yn y coed.

He loved to follow dry creek beds and spy on birds in the trees.

Gallai orwedd yn gudd drwy'r dydd, yn gwylio petrisod yn strôc o gwmpas.

He could lie hidden all day, watching partridges strut around.

Fe wnaethon nhw ddrymio a gorymdeithio, heb fod yn ymwybodol o bresenoldeb llonydd Buck.

They drummed and marched, unaware of Buck's still presence.

Ond yr hyn yr oedd yn ei garu fwyaf oedd rhedeg gyda'r cyfnos yn yr haf.

But what he loved most was running at twilight in summer.

Llenwodd y golau gwan a synau cysglyd y goedwig ef â llawenydd.

The dim light and sleepy forest sounds filled him with joy.

Darllenodd arwyddion y goedwig mor glir ag y mae dyn yn darllen llyfr.

He read the forest signs as clearly as a man reads a book.

Ac roedd yn chwilio bob amser am y peth rhyfedd a'i galwodd.

And he searched always for the strange thing that called him.

Ni pheidiodd y galwad honno byth — cyrhaeddodd ef yn effro neu'n cysgu.

That calling never stopped — it reached him waking or sleeping.

Un noson, deffrodd gyda syndod, llygaid miniog a chlustiau'n uchel.

One night, he woke with a start, eyes sharp and ears high.

Trychodd ei ffroenau wrth i'w fwng sefyll yn donnau.

His nostrils twitched as his mane stood bristling in waves.

O ddyfnderoedd y goedwig daeth y sŵn eto, yr hen alwad.

From deep in the forest came the sound again, the old call.

Y tro hwn roedd y sain yn canu'n glir, udo hir, atgofus, cyfarwydd.

This time the sound rang clearly, a long, haunting, familiar howl.

Roedd fel crio husky, ond yn rhyfedd ac yn wyllt ei naws.

It was like a husky's cry, but strange and wild in tone.

Roedd Buck yn adnabod y sain ar unwaith — roedd wedi clywed yr union sain amser maith yn ôl.

Buck knew the sound at once—he had heard the exact sound long ago.

Neidiodd drwy'r gwersyll a diflannodd yn gyflym i'r coed.

He leapt through camp and vanished swiftly into the woods.

Wrth iddo agosáu at y sain, arafodd a symudodd yn ofalus.

As he neared the sound, he slowed and moved with care.

Yn fuan cyrhaeddodd llannerch rhwng coed pinwydd trwchus.

Soon he reached a clearing between thick pine trees.

Yno, yn unionsyth ar ei gôl, eisteddai blaidd coed tal, main.

There, upright on its haunches, sat a tall, lean timber wolf.

Roedd trwyn y blaidd yn pwyntio tua'r awyr, yn dal i adleisio'r alwad.

The wolf's nose pointed skyward, still echoing the call.

Nid oedd Buck wedi gwneud unrhyw sŵn, ond eto stopiodd y blaidd a gwrando.

Buck had made no sound, yet the wolf stopped and listened.

Gan deimlo rhywbeth, tensiwnodd y blaidd, gan chwilio'r tywyllwch.

Sensing something, the wolf tensed, searching the darkness.

Llithrodd Buck i'r golwg, ei gorff yn isel, ei draed yn dawel ar y ddaear.

Buck crept into view, body low, feet quiet on the ground.

Roedd ei gynffon yn syth, ei gorff wedi'i goilio'n dynn gyda thensiwn.

His tail was straight, his body coiled tight with tension.

Dangosodd fygythiad a math o gyfeillgarwch garw.

He showed both threat and a kind of rough friendship.

Dyma'r cyfarchiad gofalus a rennir gan anifeiliaid y gwyllt.

It was the wary greeting shared by beasts of the wild.

Ond trodd y blaidd a ffodd cyn gynted ag y gwelodd Buck.

But the wolf turned and fled as soon as it saw Buck.

Rhoddodd Buck ei erlid, gan neidio'n wyllt, yn awyddus i'w oddiweddyd.

Buck gave chase, leaping wildly, eager to overtake it.

Dilynodd y blaidd i mewn i nant sych wedi'i blocio gan dagfa goed.

He followed the wolf into a dry creek blocked by a timber jam.

Wedi'i gornelu, trodd y blaidd o gwmpas a sefyll ei dir.

Cornered, the wolf spun around and stood its ground.

Chwyrnodd a chleciodd y blaidd fel ci husky wedi'i ddal mewn ymladd.

The wolf snarled and snapped like a trapped husky dog in a fight.

Cliciodd dannedd y blaidd yn gyflym, ei gorff yn llawn cynddaredd gwyllt.

The wolf's teeth clicked fast, its body bristling with wild fury.

Ni ymosododd Buck ond cylchodd y blaidd gyda chyfeillgarwch gofalus.

Buck did not attack but circled the wolf with careful friendliness.

Ceisiodd rwystro ei ddihangfa trwy symudiadau araf, diniwed.

He tried to block his escape by slow, harmless movements.

Roedd y blaidd yn wyliadwrus ac yn ofnus — roedd Buck yn drech na fo dair gwaith.

The wolf was wary and scared — Buck outweighed him three times.

Prin y cyrhaeddodd pen y blaidd ysgwydd enfawr Buck.

The wolf's head barely reached up to Buck's massive shoulder.

Gan chwilio am fwlch, dihangodd y blaidd a dechreuodd yr helfa eto.

Watching for a gap, the wolf bolted and the chase began again.

Sawl gwaith, fe wnaeth Buck ei gornelu, ac ailadroddodd y ddawns.

Several times Buck cornered him, and the dance repeated.

Roedd y blaidd yn denau ac yn wan, neu ni allai Buck fod wedi'i ddal.

The wolf was thin and weak, or Buck could not have caught him.

Bob tro y byddai Buck yn agosáu, byddai'r blaidd yn troi ac yn ei wynebu mewn ofn.

Each time Buck drew near, the wolf spun and faced him in fear.

Yna ar y cyfle cyntaf, rhuthrodd i ffwrdd i'r coed unwaith eto.

Then at the first chance, he dashed off into the woods once more.

Ond ni roddodd Buck y gorau iddi, ac o'r diwedd daeth y blaidd i ymddiried ynddo.

But Buck did not give up, and finally the wolf came to trust him.

Snyffiodd drwyn Buck, a thyfodd y ddau yn chwareus ac yn effro.

He sniffed Buck's nose, and the two grew playful and alert.

Chwaraeasant fel anifeiliaid gwyllt, yn ffyrnig ond yn swil yn eu llawenydd.

They played like wild animals, fierce yet shy in their joy.

Ar ôl ychydig, trotiodd y blaidd i ffwrdd gyda phwrpas tawel.

After a while, the wolf trotted off with calm purpose.

Dangosodd yn glir i Buck ei fod yn bwriadu cael ei ddilyn.

He clearly showed Buck that he meant to be followed.

Rhedasant ochr yn ochr trwy dywyllwch y cyfnos.

They ran side by side through the twilight gloom.

Dilynasant wely'r nant i fyny i'r ceunant creigiog.

They followed the creek bed up into the rocky gorge.

Fe groeson nhw raniad oer lle roedd y nant wedi dechrau.

They crossed a cold divide where the stream had begun.

Ar y llethr pellaf fe ddaethon nhw o hyd i goedwig eang a llawer o nentydd.

On the far slope they found wide forest and many streams.

Drwy'r tir helaeth hwn, fe redasant am oriau heb stopio.

Through this vast land, they ran for hours without stopping.

Cododd yr haul yn uwch, cynhesodd yr awyr, ond fe redegon nhw ymlaen.

The sun rose higher, the air grew warm, but they ran on.

Roedd Buck yn llawn llawenydd—roedd yn gwybod ei fod yn ateb ei alwad.

Buck was filled with joy—he knew he was answering his calling.

Rhedodd wrth ochr ei frawd yn y goedwig, yn agosach at ffynhonnell yr alwad.

He ran beside his forest brother, closer to the call's source.

Dychwelodd hen deimladau, yn bwerus ac yn anodd eu hanwybyddu.

Old feelings returned, powerful and hard to ignore.

Dyma oedd y gwirioneddau y tu ôl i'r atgofion o'i freuddwydion.

These were the truths behind the memories from his dreams.

Roedd wedi gwneud hyn i gyd o'r blaen mewn byd pell a chysgodol.

He had done all this before in a distant and shadowy world.

Nawr gwnaeth hyn eto, gan redeg yn wyllt gyda'r awyr agored uwchben.

Now he did this again, running wild with the open sky above.

Fe wnaethon nhw stopio wrth nant i yfed o'r dŵr oer oedd yn llifo.

They stopped at a stream to drink from the cold flowing water.

Wrth iddo yfed, cofiodd Buck yn sydyn am John Thornton.

As he drank, Buck suddenly remembered John Thornton.

Eisteddodd i lawr mewn distawrwydd, wedi'i rhwygo gan dynfa teyrngarwch a'r alwad.

He sat down in silence, torn by the pull of loyalty and the calling.

Trotiodd y blaidd ymlaen, ond daeth yn ôl i annog Buck ymlaen.

The wolf trotted on, but came back to urge Buck forward.

Sniffiodd ei drwyn a cheisiodd ei berswadio ag ystumiau meddal.

He sniffed his nose and tried to coax him with soft gestures.

Ond trodd Buck o gwmpas a dechrau dychwelyd yr un ffordd ag y daeth.

But Buck turned around and started back the way he came.

Rhedodd y blaidd wrth ei ymyl am amser hir, gan gwynfan yn dawel.

The wolf ran beside him for a long time, whining quietly.

Yna eisteddodd i lawr, cododd ei drwyn, a gollwng udo hir.

Then he sat down, raised his nose, and let out a long howl.

Roedd yn gri galarus, yn meddalu wrth i Buck gerdded i ffwrdd.

It was a mournful cry, softening as Buck walked away.

Gwrandawodd Buck wrth i sŵn y cri bylu'n araf i dawelwch y goedwig.

Buck listened as the sound of the cry faded slowly into the forest silence.

Roedd John Thornton yn bwyta cinio pan ffrwydrodd Buck i mewn i'r gwersyll.

John Thornton was eating dinner when Buck burst into the camp.

Neidiodd Buck arno'n wyllt, gan ei lyfu, ei frathu, a'i daflu.

Buck leapt upon him wildly, licking, biting, and tumbling him.

Fe'i tarodd drosodd, sgramblodd ar ei ben, a chusanodd ei wyneb.

He knocked him over, scrambled on top, and kissed his face.

Galwodd Thornton hyn yn "chwarae'r ffŵl cyffredinol" gyda hoffter.

Thornton called this "playing the general tom-fool" with affection.

Drwy'r amser, roedd yn melltithio Buck yn ysgafn ac yn ei ysgwyd yn ôl ac ymlaen.

All the while, he cursed Buck gently and shook him back and forth.

Am ddau ddiwrnod a noson gyfan, ni adawodd Buck y gwersyll unwaith.

For two whole days and nights, Buck never left the camp once.

Cadwodd yn agos at Thornton ac ni adawodd ef o'i olwg erioed.

He kept close to Thornton and never let him out of his sight.

Dilynodd ef wrth iddo weithio a'i wylio tra roedd yn bwyta.

He followed him as he worked and watched him while he ate.

Gwelodd Thornton i mewn i'w flancedi yn y nos ac allan bob bore.

He saw Thornton into his blankets at night and out each morning.

Ond yn fuan dychwelodd galwad y goedwig, yn uwch nag erioed o'r blaen.

But soon the forest call returned, louder than ever before.

Daeth Buck yn aflonydd eto, wedi'i gyffroi gan feddyliau am y blaidd gwyllt.

Buck grew restless again, stirred by thoughts of the wild wolf.

Roedd yn cofio'r tir agored a'r rhedeg ochr yn ochr.

He remembered the open land and running side by side.

Dechreuodd grwydro i'r goedwig unwaith eto, ar ei ben ei hun ac yn effro.

He began wandering into the forest once more, alone and alert.

Ond ni ddychwelodd y brawd gwyllt, ac ni chlywwyd yr udo.

But the wild brother did not return, and the howl was not heard.

Dechreuodd Buck gysgu y tu allan, gan aros i ffwrdd am ddyddiau ar y tro.

Buck started sleeping outside, staying away for days at a time.

Unwaith croesodd y rhaniad uchel lle roedd y nant wedi dechrau.

Once he crossed the high divide where the creek had begun.

Aeth i mewn i wlad y coed tywyll a'r nentydd llydan.

He entered the land of dark timber and wide flowing streams.

Am wythnos bu'n crwydro, yn chwilio am arwyddion o'r brawd gwyllt.

For a week he roamed, searching for signs of the wild brother.

Lladdodd ei gig ei hun a theithiodd gyda chamau hir, diflino.

He killed his own meat and travelled with long, tireless strides.

Pysgotaodd am eog mewn afon lydan a gyrhaeddai'r môr.

He fished for salmon in a wide river that reached the sea.

Yno, ymladdodd a lladd arth ddu a oedd wedi'i wallgofio gan bryfed.

There, he fought and killed a black bear maddened by bugs.

Roedd yr arth wedi bod yn pysgota ac wedi rhedeg yn ddall drwy'r coed.

The bear had been fishing and ran blindly through the trees.

Roedd y frwydr yn un ffyrnig, gan ddeffro ysbryd ymladd dwfn Buck.

The battle was a fierce one, waking Buck's deep fighting spirit up.

Ddeuddydd yn ddiweddarach, dychwelodd Buck i ddod o hyd i bleiddiaid wrth ei laddfa.

Two days later, Buck returned to find wolverines at his kill.

Bu dwsin ohonyn nhw'n ffraeo dros y cig mewn cynddaredd swnllyd.

A dozen of them quarreled over the meat in noisy fury.

Ymosododd Buck a'u gwasgaru fel dail yn y gwynt.

Buck charged and scattered them like leaves in the wind.

Arhosodd dau flaidd ar ôl—dawel, difywyd, a digyfaddawd am byth.

Two wolves remained behind—silent, lifeless, and unmoving forever.

Tyfodd y syched am waed yn gryfach nag erioed.

The thirst for blood grew stronger than ever.

Roedd Buck yn heliwr, yn llofrudd, yn bwydo ar greaduriaid byw.

Buck was a hunter, a killer, feeding off living creatures.

Goroesodd ar ei ben ei hun, gan ddibynnu ar ei gryfder a'i synhwyrau craff.

He survived alone, relying on his strength and sharp senses.

Ffynnodd yn y gwyllt, lle dim ond y rhai caletaf allai fyw.

He thrived in the wild, where only the toughest could live.

O hyn, cododd balchder mawr a llenwodd holl fodolaeth Buck.

From this, a great pride rose up and filled Buck's whole being.

Roedd ei falchder yn amlwg ym mhob cam, yng nghrychdon pob cyhyr.

His pride showed in his every step, in the ripple of every muscle.

Roedd ei falchder mor glir â lleferydd, i'w weld yn y ffordd yr oedd yn ymddwyn.

His pride was as clear as speech, seen in how he carried himself.

Roedd hyd yn oed ei gôt drwchus yn edrych yn fwy mawreddog ac yn disgleirio'n fwy disglair.

Even his thick coat looked more majestic and gleamed brighter.

Gallai Buck fod wedi cael ei gamgymryd am blaidd coed anferth.

Buck could have been mistaken for a giant timber wolf.

Ac eithrio brown ar ei drwyn a smotiau uwchben ei lygaid.

Except for brown on his muzzle and spots above his eyes.

A'r stribed gwyn o ffwr a redodd i lawr canol ei frest.

And the white streak of fur that ran down the middle of his chest.

Roedd hyd yn oed yn fwy na'r blaidd mwyaf o'r brîd ffyrnig hwnnw.

He was even larger than the biggest wolf of that fierce breed.

Rhoddodd ei dad, Sant Bernard, faint a ffrâm drwm iddo.

His father, a St. Bernard, gave him size and heavy frame.

Ei fam, bugail, a luniodd y swmp hwnnw'n debyg i flaidd.

His mother, a shepherd, shaped that bulk into wolf-like form.

Roedd ganddo drwyn hir blaidd, er yn drymach ac yn lletach.

He had the long muzzle of a wolf, though heavier and broader.

Pen blaidd oedd ei ben, ond wedi'i adeiladu ar raddfa enfawr, fawreddog.

His head was a wolf's, but built on a massive, majestic scale.

Cyfrwystra Buck oedd cyfrwystra'r blaidd a'r gwyllt.

Buck's cunning was the cunning of the wolf and of the wild.

Daeth ei ddeallusrwydd o'r Bugail Almaenig a'r Sant Bernard.

His intelligence came from both the German Shepherd and St.
Bernard.

**Gwnaeth hyn i gyd, ynghyd â phrofiad caled, ef yn greadur
ofnadwy.**

All this, plus harsh experience, made him a fearsome creature.

**Roedd mor aruthrol ag unrhyw fwystfil a grwydrai yng
ngwyllt y gogledd.**

He was as formidable as any beast that roamed the northern
wild.

**Gan fyw ar gig yn unig, cyrhaeddodd Buck uchafbwynt ei
nerth.**

Living only on meat, Buck reached the full peak of his
strength.

**Roedd yn gorlifo â phŵer a grym gwrywaidd ym mhob ffibr
ohono.**

He overflowed with power and male force in every fiber of
him.

**Pan fwythodd Thornton ei gefn, roedd y gwallt yn disgleirio
ag egni.**

When Thornton stroked his back, the hairs sparked with
energy.

**Craciodd pob gwallt, wedi'i wefru â chyffyrddiad
magnetedd byw.**

Each hair crackled, charged with the touch of living
magnetism.

**Roedd ei gorff a'i ymennydd wedi'u tiwnio i'r traw gorau
posibl.**

His body and brain were tuned to the finest possible pitch.

**Roedd pob nerf, ffibr a chyhyr yn gweithio mewn cytgord
perffaith.**

Every nerve, fiber, and muscle worked in perfect harmony.

**I unrhyw sŵn neu olygfa oedd angen gweithredu,
ymatebodd ar unwaith.**

To any sound or sight needing action, he responded instantly.

**Pe bai huski yn neidio i ymosod, gallai Buck neidio
ddwywaith mor gyflym.**

If a husky leaped to attack, Buck could leap twice as fast.

Ymatebodd yn gyflymach nag y gallai eraill hyd yn oed ei weld neu ei glywed.

He reacted quicker than others could even see or hear.

Daeth canfyddiad, penderfyniad a gweithredu i gyd mewn un foment hylifol.

Perception, decision, and action all came in one fluid moment.

Mewn gwirionedd, roedd y gweithredoedd hyn ar wahân, ond yn rhy gyflym i'w sylwi.

In truth, these acts were separate, but too fast to notice.

Mor fyr oedd y bylchau rhwng y gweithredoedd hyn, roeddent yn ymddangos fel un.

So brief were the gaps between these acts, they seemed as one.

Roedd ei gyhyrau a'i fodolaeth fel sbringiau wedi'u coilio'n dynn.

His muscles and being was like tightly coiled springs.

Roedd ei gorff yn llawn bywyd, yn wyllt ac yn llawen yn ei bŵer.

His body surged with life, wild and joyful in its power.

Ar adegau roedd yn teimlo fel pe bai'r grym yn mynd i ffrwydro allan ohono'n llwyr.

At times he felt like the force was going to burst out of him entirely.

"Ni fu erioed gi o'r fath," meddai Thornton un diwrnod tawel.

"Never was there such a dog," Thornton said one quiet day.

Gwyliodd y partneriaid Buck yn cerdded yn falch o'r gwersyll.

The partners watched Buck striding proudly from the camp.

"Pan gafodd ei greu, newidiodd yr hyn y gall ci fod," meddai Pete.

"When he was made, he changed what a dog can be," said Pete.

"Wrth Iesu! Dw i'n meddwl hynny fy hun," cytunodd Hans yn gyflym.

"By Jesus! I think so myself," Hans quickly agreed.

Gwelsant ef yn gorymdeithio i ffwrdd, ond nid y newid a ddaeth wedi hynny.

They saw him march off, but not the change that came after.

Cyn gynted ag y aeth i mewn i'r coed, trawsnewidiodd Buck yn llwyr.

As soon as he entered the woods, Buck transformed completely.

Nid oedd yn gorymdeithio mwyach, ond yn symud fel ysbryd gwyllt ymhlith coed.

He no longer marched, but moved like a wild ghost among trees.

Daeth yn dawel, fel traed cath, fel fflach yn mynd trwy gysgodion.

He became silent, cat-footed, a flicker passing through shadows.

Defnyddiodd guddfan gyda medrusrwydd, gan gropian ar ei fol fel neidr.

He used cover with skill, crawling on his belly like a snake.

Ac fel neidr, gallai neidio ymlaen a tharo mewn distawrwydd.

And like a snake, he could leap forward and strike in silence.

Gallai ddwyn ptarmigan yn syth o'i nyth cudd.

He could steal a ptarmigan straight from its hidden nest.

Lladdodd gwningod cysgu heb un sŵn.

He killed sleeping rabbits without a single sound.

Gallai ddal gwiwerod yng nghanol yr awyr wrth iddyn nhw ffoi'n rhy araf.

He could catch chipmunks midair as they fled too slowly.

Ni allai hyd yn oed pysgod mewn pyllau ddianc rhag ei ymosodiadau sydyn.

Even fish in pools could not escape his sudden strikes.

Nid oedd hyd yn oed afancod clyfar oedd yn trwsio argaeau yn ddiogel rhagddo.

Not even clever beavers fixing dams were safe from him.

Lladdodd am fwyd, nid am hwyl—ond roedd yn hoffi ei laddfeydd ei hun orau.

He killed for food, not for fun—but liked his own kills best.

Serch hynny, roedd hiwmor cyfrwys yn rhedeg trwy rai o'i helfeydd tawel.

Still, a sly humor ran through some of his silent hunts.

Sleifiodd yn agos at wiwerod, dim ond i adael iddyn nhw ddianc.

He crept up close to squirrels, only to let them escape.

Roedden nhw'n mynd i ffoi i'r coed, gan glebran mewn dicter ofnus.

They were going to flee to the trees, chattering in fearful outrage.

Wrth i'r hydref ddod, dechreuodd elciaid ymddangos mewn niferoedd mwy.

As fall came, moose began to appear in greater numbers.

Symudasant yn araf i'r dyffrynnoedd isel i gyfarfod â'r gaeaf.

They moved slowly into the low valleys to meet the winter.

Roedd Buck eisoes wedi lladd un llo ifanc, crwydr.

Buck had already brought down one young, stray calf.

Ond roedd yn hiraethu i wynebu ysglyfaeth fwy, mwy peryglus.

But he longed to face larger, more dangerous prey.

Un diwrnod ar y rhaniad, wrth ben y nant, cafodd ei gyfle.

One day on the divide, at the creek's head, he found his chance.

Roedd haid o ugain o elc wedi croesi o diroedd coediog.

A herd of twenty moose had crossed from forested lands.

Yn eu plith roedd tarw nerthol; arweinydd y grŵp.

Among them was a mighty bull; the leader of the group.

Roedd y tarw dros chwe throedfedd o daldra ac yn edrych yn ffyrnig ac yn wyllt.

The bull stood over six feet tall and looked fierce and wild.

Taflodd ei gyrn llydan, pedwar ar ddeg o flaenau yn ymestyn allan.

He tossed his wide antlers, fourteen points branching outward.

Roedd blaenau'r cyrn hynny'n ymestyn saith troedfedd ar draws.

The tips of those antlers stretched seven feet across.

Llosgodd ei lygaid bach gyda chynddaredd wrth iddo weld Buck gerllaw.

His small eyes burned with rage as he spotted Buck nearby.

Rhyddhaodd rhuo cynddeiriog, gan grynu gan gynddaredd a phoen.

He let out a furious roar, trembling with fury and pain.

Roedd pen saeth yn ymwthio allan ger ei ochr, yn bluog ac yn finiog.

An arrow-end stuck out near his flank, feathered and sharp.

Helpodd y clwyf hwn i egluro ei hwyliau gwyllt, chwerw.

This wound helped explain his savage, bitter mood.

Gwnaeth Buck, wedi'i arwain gan reddf hela hynafol, ei symudiad.

Buck, guided by ancient hunting instinct, made his move.

Ei nod oedd gwahanu'r tarw oddi wrth weddill y praidd.

He aimed to separate the bull from the rest of the herd.

Nid tasg hawdd oedd hon—roedd angen cyflymder a chyfrwystra ffyrnig.

This was no easy task—it took speed and fierce cunning.

Cyfarthodd a dawnsiodd ger y tarw, ychydig allan o gyrraedd.

He barked and danced near the bull, just out of range.

Neidiodd yr elc gyda charnau enfawr a chyrn marwol.

The moose lunged with huge hooves and deadly antlers.

Gallai un ergyd fod wedi dod â bywyd Buck i ben mewn curiad calon.

One blow could have ended Buck's life in a heartbeat.

Gan fethu â gadael y bygythiad ar ôl, aeth y tarw yn wallgof.

Unable to leave the threat behind, the bull grew mad.

Ymosododd mewn cynddaredd, ond llithrodd Buck i ffwrdd bob tro.

He charged in fury, but Buck always slipped away.

Roedd Buck yn ffugio gwendid, gan ei ddenu ymhellach o'r praidd.

Buck faked weakness, luring him farther from the herd.

Ond roedd teirw ifanc yn mynd i ruthro'n ôl i amddiffyn yr arweinydd.

But young bulls were going to charge back to protect the leader.

Fe wnaethon nhw orfodi Buck i encilio a'r tarw i ailymuno â'r grŵp.

They forced Buck to retreat and the bull to rejoin the group.

Mae amynedd yn y gwyllt, dwfn ac anorchfygol.

There is a patience in the wild, deep and unstoppable.

Mae pry cop yn aros yn ddisymud yn ei we am oriau di-rif.

A spider waits motionless in its web for countless hours.

Mae neidr yn troelli heb ysgwyd, ac yn aros nes ei bod hi'n bryd.

A snake coils without twitching, and waits till it is time.

Mae panther yn gorwedd mewn cudd-ymosodiad, nes i'r foment gyrraedd.

A panther lies in ambush, until the moment arrives.

Dyma amynedd ysglyfaethwyr sy'n hela i oroesi.

This is the patience of predators who hunt to survive.

Llosgodd yr un amynedd hwnnw y tu mewn i Buck wrth iddo aros yn agos.

That same patience burned inside Buck as he stayed close.

Arhosodd yn agos at y praidd, gan arafu ei orymdaith a chodi ofn.

He stayed near the herd, slowing its march and stirring fear.

Roedd yn pryfocio'r teirw ifanc ac yn aflonyddu ar y mamau buchod.

He teased the young bulls and harassed the mother cows.

Gyrrodd y tarw clwyfedig i gynddaredd dyfnach, diymadferth.

He drove the wounded bull into a deeper, helpless rage.

Am hanner diwrnod, llusgodd yr ymladd ymlaen heb unrhyw orffwys o gwbl.

For half a day, the fight dragged on with no rest at all.

Ymosododd Buck o bob ongl, mor gyflym a ffyrnig â'r gwynt.

Buck attacked from every angle, fast and fierce as wind.

Fe ataliodd y tarw rhag gorffwys neu guddio gyda'i braidd.

He kept the bull from resting or hiding with its herd.

Treuliodd Bwch ewyllys yr elc yn gyflymach na'i gorff.

Buck wore down the moose's will faster than its body.

Aeth y diwrnod heibio a suddodd yr haul yn isel yn awyr y gogledd-orllewin.

The day passed and the sun sank low in the northwest sky.

Dychwelodd y teirw ifanc yn arafach i gynorthwyo eu harweinydd.

The young bulls returned more slowly to help their leader.

Roedd nosweithiau'r hydref wedi dychwelyd, ac roedd y tywyllwch bellach yn para am chwe awr.

Fall nights had returned, and darkness now lasted six hours.

Roedd y gaeaf yn eu gwthio i lawr i ddyffrynnoedd mwy diogel a chynhesach.

Winter was pressing them downhill into safer, warmer valleys.

Ond eto ni allent ddianc rhag yr heliwr a'u daliodd yn ôl.

But still they couldn't escape the hunter that held them back.

Dim ond un bywyd oedd yn y fantol — nid bywyd y praidd, dim ond bywyd eu harweinydd.

Only one life was at stake — not the herd's, just their leader's.

Gwnaeth hynny'r bygythiad yn bell ac nid yn bryder brys iddynt.

That made the threat distant and not their urgent concern.

Ymhen amser, fe wnaethon nhw dderbyn y gost hon a gadael i Buck gymryd yr hen darw.

In time, they accepted this cost and let Buck take the old bull.

Wrth i'r cyfnos dawelu, safodd yr hen darw â'i ben i lawr.

As twilight settled in, the old bull stood with his head down.

Gwyliodd y praidd yr oedd wedi'i arwain yn diflannu i'r goleuni pylu.

He watched the herd he had led vanish into the fading light.

Roedd buchod yr oedd wedi'u hadnabod, lloi yr oedd wedi'u geni ar un adeg.

There were cows he had known, calves he had once fathered.

Roedd teirw iau yr oedd wedi ymladd yn eu herbyn ac wedi rheoli yn y tymhorau blaenorol.

There were younger bulls he had fought and ruled in past seasons.

Ni allai eu dilyn—oherwydd o'i flaen yr oedd Buck yn cwrcwd eto.

He could not follow them—for before him crouched Buck again.

Roedd yr arswyd danheddog didrugaredd yn rhwystro pob llwybr y gallai ei gymryd.

The merciless fanged terror blocked every path he might take.

Roedd y tarw yn pwyso mwy na thri chant pwysau o bŵer trwchus.

The bull weighed more than three hundredweight of dense power.

Roedd wedi byw'n hir ac wedi ymladd yn galed mewn byd o frwydr.

He had lived long and fought hard in a world of struggle.

Ac eto nawr, ar y diwedd, daeth marwolaeth gan fwystfil ymhell islaw iddo.

Yet now, at the end, death came from a beast far beneath him.

Ni chododd pen Buck hyd yn oed i ben-gliniau enfawr y tarw.

Buck's head did not even rise to the bull's huge knuckled knees.

O'r foment honno ymlaen, arhosodd Buck gyda'r tarw ddydd a nos.

From that moment on, Buck stayed with the bull night and day.

Ni roddodd orffwys iddo erioed, ni chaniataodd iddo bori na yfed erioed.

He never gave him rest, never allowed him to graze or drink.

Ceisiodd y tarw fwyta egin bedw ifanc a dail helyg.

The bull tried to eat young birch shoots and willow leaves.

Ond gyrrodd Buck ef i ffwrdd, bob amser yn effro ac yn ymosod bob amser.

But Buck drove him off, always alert and always attacking.

Hyd yn oed wrth nentydd yn diferu, roedd Buck yn rhwystro pob ymgais sychedig.

Even at trickling streams, Buck blocked every thirsty attempt.

Weithiau, mewn anobaith, byddai'r tarw yn ffoi ar gyflymder llawn.

Sometimes, in desperation, the bull fled at full speed.

Gadawodd Buck iddo redeg, gan lopio'n dawel ychydig y tu ôl iddo, byth yn bell i ffwrdd.

Buck let him run, loping calmly just behind, never far away.

Pan oedodd yr elc, gorweddodd Buck i lawr, ond arhosodd yn barod.

When the moose paused, Buck lay down, but stayed ready.

Os byddai'r tarw yn ceisio bwyta neu yfed, byddai Buck yn taro â chynddaredd llawn.

If the bull tried to eat or drink, Buck struck with full fury.

Plygodd pen mawr y tarw yn is o dan ei gyrn enfawr.

The bull's great head sagged lower under its vast antlers.

Arafodd ei gyflymder, daeth y trot yn drwm; yn gerddediad baglu.

His pace slowed, the trot became a heavy; a stumbling walk.

Yn aml byddai'n sefyll yn llonydd gyda'i glustiau'n plygu a'i drwyn i'r llawr.

He often stood still with drooped ears and nose to the ground.

Yn ystod y cyfnodau hynny, cymerodd Buck amser i yfed a gorffwys.

During those moments, Buck took time to drink and rest.

Tafod allan, llygaid wedi'u gosod, teimlai Buck fod y tir yn newid.

Tongue out, eyes fixed, Buck sensed the land was changing.

Teimlodd rywbeth newydd yn symud trwy'r goedwig a'r awyr.

He felt something new moving through the forest and sky.

Wrth i elc ddychwelyd, felly hefyd y gwnaeth creaduriaid eraill y gwyllt.

As moose returned, so did other creatures of the wild.

Teimlai'r tir yn fyw gyda phresenoldeb, yn anweledig ond yn hysbys iawn.

The land felt alive with presence, unseen but strongly known.

Nid trwy sain, golwg, nac arogl y gwyddai Buck hyn.

It was not by sound, sight, nor by scent that Buck knew this.

Dywedodd synnwyr dyfnach wrtho fod grymoedd newydd ar y symud.

A deeper sense told him that new forces were on the move.

Roedd bywyd rhyfedd yn cyffroi trwy'r coed ac ar hyd y nentydd.

Strange life stirred through the woods and along the streams.

Penderfynodd archwilio'r ysbryd hwn, ar ôl i'r helfa gael ei chwblhau.

He resolved to explore this spirit, after the hunt was complete.

Ar y pedwerydd diwrnod, llwyddodd Buck i ladd yr elc o'r diwedd.

On the fourth day, Buck brought down the moose at last.

Arhosodd wrth y lladdfa am ddiwrnod a nos gyfan, yn bwydo ac yn gorffwys.

He stayed by the kill for a full day and night, feeding and resting.

Bwytodd, yna cysgodd, yna bwytaodd eto, nes ei fod yn gryf ac yn llawn.

He ate, then slept, then ate again, until he was strong and full.

Pan oedd yn barod, trodd yn ôl tuag at y gwersyll a Thornton.

When he was ready, he turned back toward camp and Thornton.

Gyda chyflymder cyson, dechreuodd ar y daith hir yn ôl adref.

With steady pace, he began the long return journey home.

Rhedodd yn ei daith ddiflino, awr ar ôl awr, heb grwydro unwaith.

He ran in his tireless lope, hour after hour, never once straying.

Trwy diroedd anhysbys, symudodd yn syth fel nodwydd cwmpawd.

Through unknown lands, he moved straight as a compass needle.

Roedd ei synnwyr cyfeiriad yn gwneud i ddyn a map ymddangos yn wan o'u cymharu.

His sense of direction made man and map seem weak by comparison.

Wrth i Buck redeg, teimlodd yn gryfach y cynnwrf yn y tir gwyllt.

As Buck ran, he felt more strongly the stir in the wild land.

Roedd yn fath newydd o fywyd, yn wahanol i fywyd misoedd tawel yr haf.

It was a new kind of life, unlike that of the calm summer months.

Ni ddaeth y teimlad hwn fel neges gynnil na phell mwyach.

This feeling no longer came as a subtle or distant message.

Nawr roedd yr adar yn siarad am y bywyd hwn, ac roedd gwiwerod yn sgwrsio amdano.

Now the birds spoke of this life, and squirrels chattered about it.

Hyd yn oed yr awel yn sibrwd rhybuddion trwy'r coed tawel.

Even the breeze whispered warnings through the silent trees.

Sawl gwaith fe stopiodd ac arogli awyr iach y bore.

Several times he stopped and sniffed the fresh morning air.

Darllenodd neges yno a barodd iddo neidio ymlaen yn gyflymach.

He read a message there that made him leap forward faster.

Llenwodd teimlad trwm o berygl ef, fel pe bai rhywbeth wedi mynd o'i le.

A heavy sense of danger filled him, as if something had gone wrong.

Roedd yn ofni bod trychineb yn dod—neu ei fod eisoes wedi dod.

He feared calamity was coming—or had already come.

Croesodd y grib olaf ac aeth i mewn i'r dyffryn islaw.

He crossed the last ridge and entered the valley below.

Symudodd yn arafach, yn effro ac yn ofalus gyda phob cam.

He moved more slowly, alert and cautious with every step.

Tair milltir allan daeth o hyd i lwybr ffres a'i gwnaeth yn stiff.

Three miles out he found a fresh trail that made him stiffen.

Roedd y gwallt ar hyd ei wddf yn crychu ac yn gwrychog mewn braw.

The hair along his neck rippled and bristled in alarm.

Roedd y llwybr yn arwain yn syth tuag at y gwersyll lle'r oedd Thornton yn aros.

The trail led straight toward the camp where Thornton waited.

Symudodd Buck yn gyflymach nawr, ei gam yn dawel ac yn gyflym.

Buck moved faster now, his stride both silent and swift.

Tynhaodd ei nerfau wrth iddo ddarllen arwyddion y byddai eraill yn eu methu.

His nerves tightened as he read signs others were going to miss.

Roedd pob manylyn yn y llwybr yn adrodd stori — ac eithrio'r darn olaf.

Each detail in the trail told a story — except the final piece.

Dywedodd ei drwyn wrtho am y bywyd a oedd wedi mynd heibio fel hyn.

His nose told him about the life that had passed this way.

Rhoddodd yr arogl ddarlun newidiol iddo wrth iddo ddilyn yn agos ar ei ôl.

The scent gave him a changing picture as he followed close behind.

Ond roedd y goedwig ei hun wedi mynd yn dawel; yn annaturiol o llonydd.

But the forest itself had gone quiet; unnaturally still.

Roedd adar wedi diflannu, roedd gwiwerod wedi cuddio, yn dawel ac yn llonydd.

Birds had vanished, squirrels were hidden, silent and still.

Dim ond un wiwer lwyd a welodd, yn fflat ar goeden farw.

He saw only one gray squirrel, flat on a dead tree.

Ymgyfunodd y wiwer â'r lle, yn stiff ac yn llonydd fel rhan o'r goedwig.

The squirrel blended in, stiff and motionless like a part of the forest.

Symudodd Buck fel cysgod, yn dawel ac yn sicr drwy'r coed.

Buck moved like a shadow, silent and sure through the trees.

Ysgytiodd ei drwyn i'r ochr fel pe bai wedi'i dynnu gan law anweledig.

His nose jerked sideways as if pulled by an unseen hand.

Trodd a dilynodd yr arogl newydd yn ddwfn i mewn i ddryslwyn.

He turned and followed the new scent deep into a thicket.

Yno daeth o hyd i Nig, yn gorwedd yn farw, wedi'i drywanu gan saeth.

There he found Nig, lying dead, pierced through by an arrow.

Aeth y siafft yn glir trwy ei gorff, plu yn dal i ddangos.

The shaft passed clear through his body, feathers still showing.

Roedd Nig wedi llusgo ei hun yno, ond bu farw cyn cyrraedd cymorth.

Nig had dragged himself there, but died before reaching help.

Can llath ymhellach ymlaen, daeth Buck o hyd i gi sled arall.

A hundred yards farther on, Buck found another sled dog.

Ci oedd o yr oedd Thornton wedi'i brynu yn ôl yn Ninas Dawson.

It was a dog that Thornton had bought back in Dawson City.

Roedd y ci mewn brwydr angheuol, yn curo'n galed ar y llwybr.

The dog was in a death struggle, thrashing hard on the trail.

Aeth Buck o'i gwmpas, heb stopio, ei lygaid wedi'u gosod ymlaen.

Buck passed around him, not stopping, eyes fixed ahead.

O gyfeiriad y gwersyll daeth siant rhythmig, pell.

From the direction of the camp came a distant, rhythmic chant.

Cododd a gostwngodd lleisiau mewn tôn ryfedd, brawychus, ganu.

Voices rose and fell in a strange, eerie, sing-song tone.

Cropianodd Buck ymlaen at ymyl y llannerch mewn distawrwydd.

Buck crawled forward to the edge of the clearing in silence.

Yno gwelodd Hans yn gorwedd wyneb i lawr, wedi'i drywanu â llawer o saethau.

There he saw Hans lying face-down, pierced with many arrows.

Roedd ei gorff yn edrych fel draenog, yn llawn coesyn pluog.

His body looked like a porcupine, bristling with feathered shafts.

Ar yr un foment, edrychodd Buck tuag at y llety adfeiliedig.

At the same moment, Buck looked toward the ruined lodge.

Gwnaeth y olygfa i'r gwallt godi'n stiff ar ei wddf a'i ysgwyddau.

The sight made the hair rise stiff on his neck and shoulders.

Ysgubodd storm o gynddaredd gwyllt trwy gorff cyfan Buck.

A storm of wild rage swept through Buck's whole body.

Grwgnachodd yn uchel, er nad oedd yn gwybod ei fod wedi.

He growled aloud, though he did not know that he had.

Roedd y sain yn amrwd, yn llawn cynddaredd dychrynllyd, gwyllt.

The sound was raw, filled with terrifying, savage fury.

Am y tro olaf yn ei fywyd, collodd Buck reswm i emosiwn.

For the last time in his life, Buck lost reason to emotion.

Cariad at John Thornton a dorrodd ei reolaeth ofalus.

It was love for John Thornton that broke his careful control.

Roedd y Yeehats yn dawnsio o amgylch y bwthyn sbriws wedi'i ddinistrio.

The Yeehats were dancing around the wrecked spruce lodge.

Yna daeth rhuo—a rhuthrodd bwystfil anhysbys tuag atynt.

Then came a roar—and an unknown beast charged toward them.

Buck ydoedd; cynddaredd ar waith; storm fyw o ddial.

It was Buck; a fury in motion; a living storm of vengeance.

Taflodd ei hun i'w plith, yn wallgof gan yr angen i ladd.

He flung himself into their midst, mad with the need to kill.

Neidiodd at y dyn cyntaf, pennaeth Yeehat, a tharo'n wir.

He leapt at the first man, the Yeehat chief, and struck true.

Rhwygwyd ei wddf ar agor, a gwaed yn tywallt mewn nant.

His throat was ripped open, and blood spouted in a stream.

Ni stopiodd Buck, ond rhwygodd wddf y dyn nesaf gydag un naid.

Buck did not stop, but tore the next man's throat with one leap.

Roedd yn anorchfygol—yn rhwygo, yn torri, heb oedi i orffwys byth.

He was unstoppable—ripping, slashing, never pausing to rest.

Saethodd a neidiodd mor gyflym fel na allai eu saethau ei gyffwrdd.

He darted and sprang so fast their arrows could not touch him.

Roedd y Yeehats wedi'u dal yn eu panig a'u dryswch eu hunain.

The Yeehats were caught in their own panic and confusion.

Methodd eu saethau â Buck a tharo ei gilydd yn lle hynny.

Their arrows missed Buck and struck one another instead.

Taflodd un llanc waywffon at Buck a tharo dyn arall.

One youth threw a spear at Buck and hit another man.

Gyrrodd y waywffon trwy ei frest, y blaen yn dyrnu allan o'i gefn.

The spear drove through his chest, the point punching out his back.

Ysgubodd braw dros y Yeehats, a thorraist i encilio'n llwyr.

Terror swept over the Yeehats, and they broke into full retreat.

Gwaeddasant am yr Ysbryd Drwg a ffoi i gysgodion y goedwig.

They screamed of the Evil Spirit and fled into the forest shadows.

Yn wir, roedd Buck fel cythraul wrth iddo erlid yr Yeehats i lawr.

Truly, Buck was like a demon as he chased the Yeehats down.

Rhwygodd ar eu hôl drwy'r goedwig, gan eu dwyn i lawr fel ceirw.

He tore after them through the forest, bringing them down like deer.

Daeth yn ddiwrnod o dynged ac arswyd i'r Yeehats ofnus.

It became a day of fate and terror for the frightened Yeehats.

Gwasgarasant ar draws y wlad, gan ffoi ymhell i bob cyfeiriad.

They scattered across the land, fleeing far in every direction.

Aeth wythnos gyfan heibio cyn i'r goroeswyr olaf gyfarfod mewn dyffryn.

A full week passed before the last survivors met in a valley.

Dim ond wedyn y gwnaethon nhw gyfrif eu colledion a siarad am yr hyn a ddigwyddodd.

Only then did they count their losses and speak of what happened.

Ar ôl blino ar yr helfa, dychwelodd Buck i'r gwersyll adfeiliedig.

Buck, after tiring of the chase, returned to the ruined camp.

Daeth o hyd i Pete, yn dal yn ei flancedi, wedi'i ladd yn yr ymosodiad cyntaf.

He found Pete, still in his blankets, killed in the first attack.

Roedd arwyddion o frwydr olaf Thornton i'w gweld yn y baw gerllaw.

Signs of Thornton's last struggle were marked in the dirt nearby.

Dilynodd Buck bob ôl, gan arogli pob marc hyd at bwynt terfynol.

Buck followed every trace, sniffing each mark to a final point.

Ar ymyl pwll dwfn, daeth o hyd i Skeet ffyddlon, yn gorwedd yn llonydd.

At the edge of a deep pool, he found faithful Skeet, lying still.

Roedd pen a phawennau blaen Skeet yn y dŵr, yn ddisymud yn farw.

Skeet's head and front paws were in the water, unmoving in death.

Roedd y pwll yn fwdlyd ac wedi'i halogi â dŵr ffo o'r blychau llifddor.

The pool was muddy and tainted with runoff from the sluice boxes.

Roedd ei wyneb cymylog yn cuddio'r hyn oedd oddi tano, ond roedd Buck yn gwybod y gwir.

Its cloudy surface hid what lay beneath, but Buck knew the truth.

Dilynodd arogl Thornton i mewn i'r pwll—ond ni arweiniodd yr arogl i unman arall.

He tracked Thornton's scent into the pool—but the scent led nowhere else.

Nid oedd arogl yn arwain allan—dim ond tawelwch dŵr dwfn.

There was no scent leading out—only the silence of deep water.

Arhosodd Buck ger y pwll drwy'r dydd, yn cerdded o gwmpas y gwersyll mewn galar.

All day Buck stayed near the pool, pacing the camp in grief.

Crwydrai'n aflonydd neu eisteddai mewn llonyddwch, ar goll mewn meddyliau trwm.

He wandered restlessly or sat in stillness, lost in heavy thought.

Roedd yn gwybod marwolaeth; diwedd bywyd; diflaniad pob symudiad.

He knew death; the ending of life; the vanishing of all motion.

Deallodd fod John Thornton wedi mynd, na fyddai byth yn dychwelyd.

He understood that John Thornton was gone, never to return.

Gadawodd y golled ofod gwag ynddo a oedd yn curo fel newyn.

The loss left an empty space in him that throbbed like hunger.

Ond roedd hwn yn newyn na allai bwyd ei leddfu, ni waeth faint a fwytaodd.

But this was a hunger food could not ease, no matter how much he ate.

Ar adegau, wrth iddo edrych ar y Yeehats marw, byddai'r boen yn pylu.

At times, as he looked at the dead Yeehats, the pain faded.

Ac yna cododd balchder rhyfedd ynddo, ffyrnig a chyflawn.

And then a strange pride rose inside him, fierce and complete.

Roedd wedi lladd dyn, y gêm uchaf a mwyaf peryglus oll.

He had killed man, the highest and most dangerous game of all.

Roedd wedi lladd yn groes i'r gyfraith hynafol o glwb a phanc.

He had killed in defiance of the ancient law of club and fang.

Snyffiodd Buck eu cyrff difywyd, yn chwilfrydig ac yn feddylgar.

Buck sniffed their lifeless bodies, curious and thoughtful.

Roedden nhw wedi marw mor hawdd—llawer haws na husky mewn ymladd.

They had died so easily—much easier than a husky in a fight.

Heb eu harfau, nid oedd ganddyn nhw unrhyw gryfder na bygythiad gwirioneddol.

Without their weapons, they had no true strength or threat.

Ni fyddai Buck byth yn eu hofni eto, oni bai eu bod wedi'u harfogi.

Buck was never going to fear them again, unless they were armed.

Dim ond pan fyddent yn cario clybiau, gwaywffyn, neu saethau y byddai'n ofalus.

Only when they carried clubs, spears, or arrows he'd beware.

Syrthiodd y nos, a chododd lleuad lawn yn uchel uwchben copaon y coed.

Night fell, and a full moon rose high above the tops of the trees.

Ymdrochodd golau gwelw'r lleuad y tir mewn llewyrch meddal, ysbrydionol fel dydd.

The moon's pale light bathed the land in a soft, ghostly glow like day.

Wrth i'r nos ddyfnhau, roedd Buck yn dal i alaru wrth y pwll tawel.

As the night deepened, Buck still mourned by the silent pool.

Yna daeth yn ymwybodol o gynnwrf gwahanol yn y goedwig.

Then he became aware of a different stirring in the forest.

Nid gan y Yeehats y daeth y cyffro, ond gan rywbeth hŷn a dyfnach.

The stirring was not from the Yeehats, but from something older and deeper.

Safodd i fyny, ei glustiau wedi'u codi, ei drwyn yn profi'r awel yn ofalus.

He stood up, ears lifted, nose testing the breeze with care.

O bell daeth gweiddi gwan, miniog a drywanodd y distawrwydd.

From far away came a faint, sharp yelp that pierced the silence.

Yna dilynodd côr o lefain tebyg yn agos ar ôl y cyntaf.

Then a chorus of similar cries followed close behind the first.

Daeth y sain yn agosach, gan fynd yn uwch gyda phob eiliad a basiodd.

The sound drew nearer, growing louder with each passing moment.

Roedd Buck yn adnabod y gri hwn—roedd yn dod o'r byd arall hwnnw yn ei gof.

Buck knew this cry—it came from that other world in his memory.

Cerddodd i ganol y gofod agored a gwrando'n astud.

He walked to the center of the open space and listened closely.

Canodd yr alwad allan, wedi'i nodi'n aml ac yn fwy pwerus nag erioed.

The call rang out, many-noted and more powerful than ever.

Ac yn awr, yn fwy nag erioed o'r blaen, roedd Buck yn barod i ateb ei alwad.

And now, more than ever before, Buck was ready to answer his calling.

Roedd John Thornton wedi marw, ac nid oedd unrhyw gysylltiad â dyn yn aros ynddo.

John Thornton was dead, and no tie to man remained within him.

Roedd dyn a phob hawliad dynol wedi diflannu—roedd yn rhydd o'r diwedd.

Man and all human claims were gone—he was free at last.

Roedd y heid o fleiddiaid yn hela cig fel yr oedd y Yeehats wedi arfer.

The wolf pack were chasing meat like the Yeehats once had.

Roedden nhw wedi dilyn elc i lawr o'r tiroedd coediog.

They had followed moose down from the timbered lands.

Nawr, yn wyllt ac yn llwglyd am ysglyfaeth, croesont i'w ddyffryn.

Now, wild and hungry for prey, they crossed into his valley.

I'r llannerch lleuad daethant, yn llifo fel dŵr arian.

Into the moonlit clearing they came, flowing like silver water.

Safodd Buck yn llonydd yn y canol, yn ddisymud ac yn aros amdanynt.

Buck stood still in the center, motionless and waiting for them.

Syfrdanodd ei bresenoldeb tawel, mawr y pecyn i dawelwch byr.

His calm, large presence stunned the pack into a brief silence.

Yna neidiodd y blaidd mwyaf beiddgar yn syth ato heb betruso.

Then the boldest wolf leapt straight at him without hesitation.

Tarodd Buck yn gyflym a thorri gwddf y blaidd mewn un ergyd.

Buck struck fast and broke the wolf's neck in a single blow.

Safodd yn ddisymud eto wrth i'r blaidd marw droelli y tu ôl iddo.

He stood motionless again as the dying wolf twisted behind him.

Ymosododd tri blaidd arall yn gyflym, un ar ôl y llall.

Three more wolves attacked quickly, one after the other.

Ciliodd pob un yn gwaedu, eu gwddf neu eu hysgwyddau wedi'u torri.

Each retreated bleeding, their throats or shoulders slashed.

Roedd hynny'n ddigon i sbarduno'r pecyn cyfan i ymgyrch wyllt.

That was enough to trigger the whole pack into a wild charge.

Rhuthron nhw i mewn gyda'i gilydd, yn rhy awyddus a gorlawn i daro'n dda.

They rushed in together, too eager and crowded to strike well.

Roedd cyflymder a sgil Buck yn caniatáu iddo aros ar flaen yr ymosodiad.

Buck's speed and skill allowed him to stay ahead of the attack.

Trodd ar ei goesau ôl, gan snapio a tharo i bob cyfeiriad.

He spun on his hind legs, snapping and striking in all directions.

I'r bleiddiaid, roedd hyn yn ymddangos fel pe na bai ei amddiffyniad erioed wedi agor nac wedi methu.

To the wolves, this seemed like his defense never opened or faltered.

Trodd a saethodd mor gyflym na allent fynd y tu ôl iddo.

He turned and slashed so quickly they could not get behind him.

Serch hynny, fe wnaeth eu niferoedd ei orfodi i ildio tir a chilio.

Nonetheless, their numbers forced him to give ground and fall back.

Symudodd heibio i'r pwll ac i lawr i wely'r nant greigiog.

He moved past the pool and down into the rocky creek bed.

Yno daeth i fyny yn erbyn llethr serth o raean a phridd.

There he came up against a steep bank of gravel and dirt.

Fe syrthiodd i gornel a dorrwyd yn ystod hen gloddio'r glowyr.

He edged into a corner cut during the miners' old digging.

Nawr, wedi'i amddiffyn ar dair ochr, dim ond y blaidd blaen a wynebodd Buck.

Now, protected on three sides, Buck faced only the front wolf.

Yno, safodd yn ddiogel, yn barod am y don nesaf o ymosodiad.

There, he stood at bay, ready for the next wave of assault.

Daliodd Buck ei dir mor ffyrnig nes i'r bleiddiaid dynnu'n ôl.

Buck held his ground so fiercely that the wolves drew back.

Ar ôl hanner awr, roedden nhw wedi blino'n lân ac wedi cael eu trechu'n amlwg.

After half an hour, they were worn out and visibly defeated.

Roedd eu tafodau'n hongian allan, eu dannedd gwyn yn disgleirio yng ngolau'r lleuad.

Their tongues hung out, their white fangs gleamed in moonlight.

Gorweddodd rhai bleiddiaid i lawr, eu pennau wedi'u codi, eu clustiau wedi'u pigo tuag at Buck.

Some wolves lay down, heads raised, ears pricked toward Buck.

Safodd eraill yn llonydd, yn effro ac yn gwylio pob symudiad a wnaeth.

Others stood still, alert and watching his every move.

Crwydrodd rhai at y pwll a lapio dŵr oer.

A few wandered to the pool and lapped up cold water.

Yna cropiodd un blaidd llwyd hir, main ymlaen mewn ffordd ysgafn.

Then one long, lean gray wolf crept forward in a gentle way.

Adnabu Buck ef—y brawd gwyllt o'r blaen ydoedd.

Buck recognized him—it was the wild brother from before.

Cwynodd y blaidd llwyd yn ysgafn, ac atebodd Buck gyda chwyn.

The gray wolf whined softly, and Buck replied with a whine.

Fe wnaethon nhw gyffwrdd â'i drwynau, yn dawel a heb fygythiad na ofn.

They touched noses, quietly and without threat or fear.

Nesaf daeth blaidd hŷn, tenau a chreithiog o lawer o frwydrau.

Next came an older wolf, gaunt and scarred from many battles.

Dechreuodd Buck grwgnach, ond arhosodd a sniffian trwyn yr hen flaidd.

Buck started to snarl, but paused and sniffed the old wolf's nose.

Eisteddodd yr hen un i lawr, cododd ei drwyn, ac udodd ar y lleuad.

The old one sat down, raised his nose, and howled at the moon.

Eisteddodd gweddill y pecyn i lawr ac ymunodd yn yr udo hir.

The rest of the pack sat down and joined in the long howl.

Ac yn awr daeth yr alwad at Buck, yn ddiamheuol ac yn gryf.

And now the call came to Buck, unmistakable and strong.

Eisteddodd i lawr, cododd ei ben, ac udodd gyda'r lleill.

He sat down, lifted his head, and howled with the others.

Pan ddaeth yr udo i ben, camodd Buck allan o'i loches greigiog.

When the howling ended, Buck stepped out of his rocky shelter.

Caeodd y pedol o'i gwmpas, gan arogli'n garedig ac yn ofalus.

The pack closed in around him, sniffing both kindly and warily.

Yna rhoddodd yr arweinwyr y gweiddi a rhuthro i ffwrdd i'r goedwig.

Then the leaders gave the yelp and dashed off into the forest.

Dilynodd y bleiddiaid eraill, gan weiddi mewn côr, yn wyllt ac yn gyflym yn y nos.

The other wolves followed, yelping in chorus, wild and fast in the night.

Rhedodd Buck gyda nhw, wrth ymyl ei frawd gwyllt, gan udo wrth iddo redeg.

Buck ran with them, beside his wild brother, howling as he ran.

Yma, mae stori Buck yn gwneud yn dda i ddod i'w diwedd.

Here, the story of Buck does well to come to its end.

Yn y blynyddoedd dilynol, sylwodd y teulu Yeehat ar fleiddiaid rhyfedd.

In the years that followed, the Yeehats noticed strange wolves.

Roedd gan rai frown ar eu pennau a'u trwynau, gwyn ar eu brest.

Some had brown on their heads and muzzles, white on the chest.

Ond yn fwy fyth, roedden nhw'n ofni ffigur ysbrydion ymhlith y bleiddiaid.

But even more, they feared a ghostly figure among the wolves.

Siaradasant mewn sibrydion am y Ci Ysbrydion, arweinydd y pecyn.

They spoke in whispers of the Ghost Dog, leader of the pack.

Roedd gan y Ci Ysbrydion hwn fwy o gyfrwystra na'r heliwr Yeehat mwyaf beiddgar.

This Ghost Dog had more cunning than the boldest Yeehat hunter.

Lladrataodd y ci ysbrydion o wersylloedd yng nghanol y gaeaf a rhwygo eu trapiau ar wahân.

The ghost dog stole from camps in deep winter and tore their traps apart.

Lladdodd y ci ysbryd eu cŵn a dianc rhag eu saethau heb olion.

The ghost dog killed their dogs and escaped their arrows without a trace.

Roedd hyd yn oed eu rhyfelwyr dewraf yn ofni wynebu'r ysbryd gwyllt hwn.

Even their bravest warriors feared to face this wild spirit.

Na, mae'r stori'n mynd yn dywyllach fyth, wrth i'r blynyddoedd fynd heibio yn y gwyllt.

No, the tale grows darker still, as the years pass in the wild.

Mae rhai helwyr yn diflannu ac nid ydynt byth yn dychwelyd i'w gwersylloedd pell.

Some hunters vanish and never return to their distant camps.

Mae eraill i'w cael gyda'u gyddfau wedi'u rhwygo ar agor, wedi'u lladd yn yr eira.

Others are found with their throats torn open, slain in the snow.

O amgylch eu cyrff mae olion—mwy nag y gallai unrhyw flaidd eu gwneud.

Around their bodies are tracks—larger than any wolf could make.

Bob hydref, mae Yeehats yn dilyn llwybr yr elc.

Each autumn, Yeehats follow the trail of the moose.

Ond maen nhw'n osgoi un cwm gydag ofn wedi'i gerfio'n ddwfn yn eu calonnau.

But they avoid one valley with fear carved deep into their hearts.

Maen nhw'n dweud bod y dyffryn wedi'i ddewis gan yr Ysbryd Drwg ar gyfer ei gartref.

They say the valley is chosen by the Evil Spirit for his home.

A phan adroddir y stori, mae rhai menywod yn wylo wrth y tân.

And when the tale is told, some women weep beside the fire.

Ond yn yr haf, mae un ymwelydd yn dod i'r dyffryn tawel, cysegredig hwnnw.

But in summer, one visitor comes to that quiet, sacred valley.

Nid yw'r Yeehats yn gwybod amdano, ac ni allent ddeall.

The Yeehats do not know of him, nor could they understand.

Mae'r blaidd yn un gwych, wedi'i orchuddio â gogoniant, fel dim arall o'i fath.

The wolf is a great one, coated in glory, like no other of his kind.

Mae'n croesi o'r coed gwyrdd ar ei ben ei hun ac yn mynd i mewn i lannerch y goedwig.

He alone crosses from green timber and enters the forest glade.

Yno, mae llwch euraidd o sachau croen elc yn treiddio i'r pridd.

There, golden dust from moose-hide sacks seeps into the soil.

Mae glaswellt a dail hen wedi cuddio'r melyn rhag yr haul.

Grass and old leaves have hidden the yellow from the sun.

Yma, mae'r blaidd yn sefyll mewn distawrwydd, yn meddwl ac yn cofio.

Here, the wolf stands in silence, thinking and remembering.

Mae'n udo unwaith—yn hir ac yn galarus—cyn iddo droi i fynd.

He howls once—long and mournful—before he turns to go.

Eto nid yw bob amser ar ei ben ei hun yng ngwlad yr oerfel a'r eira.

Yet he is not always alone in the land of cold and snow.

Pan fydd nosweithiau hir y gaeaf yn disgyn ar y dyffrynnoedd isaf.

When long winter nights descend on the lower valleys.

Pan fydd y bleiddiaid yn dilyn gêm trwy'r lleuad a rhew.

When the wolves follow game through moonlight and frost.

Yna mae'n rhedeg ar flaen y pecyn, gan neidio'n uchel ac yn wyllt.

Then he runs at the head of the pack, leaping high and wild.

Mae ei siâp yn tyrau uwchben y lleill, ei wddf yn fyw gyda chân.

His shape towers over the others, his throat alive with song.

Cân y byd iau ydyw, llais y peidi.

It is the song of the younger world, the voice of the pack.

Mae'n canu wrth iddo redeg—cryf, rhydd, ac yn wyllt am byth.

He sings as he runs—strong, free, and forever wild.